Eduard Wagner 2017

Prefacio

Podes velo como queiras: son estas memorias ou son só unha secuencia de acontecementos da miña vida. Gustaríame dicir que no momento en que experimentei isto, cría que isto era correcto. Apenas tiven consellos de familiares ou amigos sobre se iso era o correcto ou non. Pero sempre foi a cuestión de se o tería en conta. Por suposto, no transcurso das páxinas seguintes sempre hai lugares nos que estou ao bordo da legalidade. Pero dado que estes foron hai un tempo e eu persoalmente afirmo o que fixen ou non fixen entón, non vexo ningún problema se xorden estas consecuencias. Que se trate dunha vida plena ou feliz non depende de min, senón do lector, pero ao final sacarei unha conclusión.

Familia 1970

<u>Decembro de 1959 casa dos pais</u>

A finais de 1959 vin a luz en Viena, aínda que alí estiven pero case non o recordo. Chegou como o segundo nacido, o meu irmán xa tiña 6 anos nunha familia sueba do Danubio. Para explicar as miñas orixes: Ao final da Segunda Guerra Mundial, os meus pais foron expulsados do que hoxe é Serbia por partidarios a punta de pistola e as súas vidas foron ameazadas. Xa que pertencían ao grupo de alemáns étnicos (suabos do Danubio), a súa lingua materna era o alemán, o que significa que tamén podían falar serbocroata. Os seus antepasados foron asentados actualmente polo Prinz Eugen no que entón era Iugoslavia co fin de reforzar a infraestrutura alí, o que conseguiron facer. Na turbulencia da Segunda Guerra Mundial foron expulsados polos partidarios tanto do norte como do sur coa ameaza das súas vidas. Nese momento acadaran prosperidade e reputación, onde non había hostilidade ningunha entre os iugoslavos que vivían alí e a poboación de fala alemá. Os meus pais e as súas familias foron recibidos en 1944 coas palabras: Que fas alí? Por que falas tan ben alemán? Camiña furtivamente a casa. Daquela só era a recepción de "estranxeiros". Xa non se pode imaxinar hoxe. Pois de volta a min. Tiven unha infancia fácil, polo menos ata os 10 anos. Meu pai exerceu o seu oficio, que xa aprendera en Serbia, e miña nai era, como aínda era costume daquela, ama de casa. Na medida en que me permitían os meus pais, tiña de todo, desde xoguetes ata bicicletas e similares. No verán fun a unha pensión no sur da Baixa Austria todos os anos co meu irmán e a miña nai durante dúas ou tres semanas. Meu pai, xa que tiña que traballar entre semana por motivos económicos, veunos o venres en ciclomotor e quedou ata o domingo. Hai que ter en conta que o meu pai só conseguiu o carné de conducir en 1972. Daquela tamén coñecín unha familia que vivía preto da pensión. Nesta había dúas fillas, unha cinco anos máis pequena e a outra un ano máis. Significa que o maior xa me coñeceu con cueiros.

Escola Setembro 1966

Comezo da miña carreira escolar. Na escola primaria estiven nunha clase de nenos. Unha graduada do entón Pädag presentouse como mestra. Tiña uns 25 anos e unha muller fermosa polo que eu puiden dicir a esa idade. Aínda lembro unha anécdota que me conmocionou bastante naquel momento. Ao comezo dos meus días de escola cheguei á miña nai e díxenlle o seguinte: Ti, nai, a profe pintáballes os dedos de vermello vivo. Como podes facer algo así? O fondo era que a profesora Ulrike só pintara as uñas, cousa que aínda non era habitual para min daquela. Creo que a miña nai se volveu de lado nese momento e probablemente tivo que sorrir, entón explicoume de que se trataba. Pois acabei a primaria con moi boas notas, a parte de pintura e debuxo. Pero tamén lle tiña respecto á "profesora", que castigaba as faltas con "pararse na esquina". O camiño da escola, daquela aínda era todo a pé, sempre era un reto, porque sempre había un, dous ou tres compañeiros do colexio cos que se podía facer malabarismos na beirarrúa.

Setembro 1970 instituto

Despois de que eu seguía soñando co traballo de soño "médico" a esta idade e o meu certificado de ensino primario foi en consecuencia, os meus pais rexistráronme no distrito veciño do instituto. En 1969 o meu pai devolvera a súa licenza comercial para a reparación de botellas de refrixerante porque xa non era rendible e, posteriormente, recorreu a un novo traballo, é dicir, vender xornais. Iso significa que vendeu o xornal máis grande do noso país como colportista pola noite ata sobre as 23.00 horas nun stand. Como isto era a metade de rendibilidade, miña nai tamén comezou a vender xornais. Con isto puideron aforrar moitos cartos cos anos, os dous, ou sexa o meu irmán e mais eu, o benestar non se descoidaba. Pois agora estaba en primeiro de primaria do bacharelato humanístico. Os luns sempre había matemáticas e inglés un tras outro. Pois iso pasou a metade durante un tempo, pero despois dun tempo enfermei e meus pais escribinme unha confirmación de que estaba enfermo. Pero como o profesorado non me quitou este papel, quedeino. Agora o luns con inglés e matemáticas facíame cada vez máis repugnancia, así que xurdínme a idea de ir "azul" un ou outro luns e non ir á escola. Despois presentei a confirmación de que estaba enfermo coa sinatura dos meus pais. Como na súa maioría eran as mesmas enfermidades e a firma xa non era a mellor, pasou como debía. De súpeto, meus pais recibiron unha citación para vir ao colexio. Por suposto, preguntáronlles sobre os meus días perdidos e as notas resultantes e, en consecuencia, quedaron sorprendidos ou decepcionados comigo. A consecuencia disto foi que o colexio me condenou a un "cataclismo" (4 horas de castigo por escrito só na escola). Que eu saiba, este tipo de castigo xa non existe hoxe en día. Finalmente o curso escolar rematou con dous cinco. Entón iso significa que tiven que repetir a 1a clase, xa que entón aínda era obrigatoria.

<u>Setembro de 1971 internado</u>

Despois deste acontecemento decisivo para min, reuniuse o consello de familia en forma dos meus pais e do meu irmán de dezasete anos. Habería que enviar con antelación que o meu pai estivo uns anos nun internado de fala alemá durante os seus días escolares en Serbia. Así, deuse consello sobre a que escola debería seguir indo. Como, por suposto, con 11 anos non tiña nin idea ou só limitaba o que me esperaba, tiven que aceptar a decisión do consello de familia. Como me bautizaron como protestante desde que nacín, non se aceptaron a miña inscrición nos internados católicos, como os irmáns de Strebersdorf. Esta decisión fixo que eu fose a un internado do distrito 13, que tamén incluía un colexio de gramática humanística. Con esta decisión dos meus pais rifarín moito tempo, porque estiven alí máis ou menos encerrado dende o domingo á tarde ata o sábado ao mediodía. Se eu tivese "roto" algo durante a semana, por suposto que tampouco había resultado na fin de semana. Afortunadamente, iso raramente foi o caso no distrito 13. Unha cousa era interesante nesta casa, porque o xefe desta institución era o neto de Adalbert Stifter (o seu nome era o mesmo). Este director era un ávido fumador de pipa, onde se cheiraba o fume por todo o edificio e, de intensidade crecente, sabiamos que o perigo era inminente. Estiven 3 anos en Himmelhof, así se chamaba o internado de alí. Despois mudei co mesmo titor Franz ao internado do mesmo nome do distrito 2. Alí, porén, os costumes eran os mesmos que no distrito XIII. Isto significa que, se había mala conducta pola miña parte durante a semana, involuntariamente permitíame pasar a fin de semana con castigo no internado. Como a supervisión alí non era moi grande e eu por suposto tamén me fixen maior, moitas veces había fins de semana no internado. Nese momento, con 13 anos, coñecín os cigarros, o que tamén provocou que me obrigaran a quedarme na casa. Esta amizade coa nicotina quedou comigo ata hoxe. Todo saíu razoablemente ben ata 4o de primaria e despois conseguimos unha profesora de bioloxía de Carintia que acababa de rematar os seus estudos. Para nós os estudantes de entre 14 e 15 anos, por suposto, era un reto en canto á puberdade, porque era unha muller guapa cunha figura correspondente. Así que me deixei levar a unha afirmación durante a lección que me valeu a peor nota de conduta. Ademais, tamén recollín as peores notas en diversos obxectos, polo que tiven que repetir 4o. Isto conseguira e así, como xa non se ensinaba na casa, tiven que ir a 5o de primaria do liceo humanístico do barrio veciño. Como aínda quería ser médico, supuxen que usaría o grego antigo, xa que tamén me gustaba moito a lingua latina. Foi interesante naquel momento que acabei por primeira vez nunha clase mixta, pero só había 6 nenas e o resto de nenos. No primeiro cuadrimestre aínda tiña un pouco de ganas de aprender, pero como non me gustaba nada o grego antigo, as notas parecían adecuadas. Non quedou só con esta materia e por iso tería que repetir a clase, só que xa non era posible nese momento. Entón, os meus pais decidiron, xa que agora tiña 17 anos, que ía comezar unha aprendizaxe. Cando tiña uns 16 anos, cando aínda estaba no internado, achegoume

Ernst, que era fillo dun amigo da miña nai, para saber se non quería ir a bailes populares todos os venres á noite. Iso foi, por suposto, unha tarefa difícil no internado, xa que non sempre foi o caso de saír de alí. Ao final, por fin permitíronme saír o venres de 18.00 a 22.00 horas. O baile popular tivo lugar na casa dos suevos do Danubio no distrito 3. Cando cheguei alí, atopei uns 30 mozos e mozas, dos que eu era un dos máis novos. Presentouse a min como o líder un suevo danubio, que ensaiaba connosco os bailes populares. Pero como eu era decididamente anti-talento á hora de bailar, este home tamén tivo dificultades para ensinarme iso. Aínda lembro un episodio no que o supervisor me colleu a coxa na man porque non entendía a secuencia dun paso alterno. Probablemente nada cambiou niso ata hoxe. Nestas noites estudamos bailes folclóricos con 8 a 10 parellas, que despois realizamos na tempada de baile de xaneiro e febreiro. Co paso do tempo desenvolveuse un grupo de persoas da mesma idade que ían a xogar aos bolos dúas veces por semana ao Prater de Viena. Isto significa adestrar unha vez á semana e campionato o venres. Xa que tiñamos un patrocinador, unha naviera, iso non nos custou demasiado. Ao redor de

1982, 7 homes e mulleres navegaron con esta compañía nun veleiro de 10 homes de Split a Dubrovnik no verán. Todos os días desa semana fomos a unha illa, tomamos un descanso e despois seguimos. Foi unha experiencia marabillosa

Casa de fin de semana de agosto de 1972

Despois de que o cambio de carreira do meu pai en 1969 tivese éxito en termos de aforro, puideron aforrar bastante diñeiro. Agora meus pais foron buscar unha pequena casa de fin de semana na Baixa Austria. Atoparon o que buscaban no sur da conca de Viena nun municipio duns 10.000 habitantes. A primeira vista pareceulles aos meus pais unha ganga, pero non podían imaxinar o que veu despois. Para min de 12 anos foi un pracer, por suposto, porque na leira había abundantes árbores froiteiras e arbustos que me permitían queimar despois de selar, para que tamén se puidese ver o edificio de 1930. Lembro que despois dun tempo a queima molestou un pouco aos veciños, daquela aínda se permitía. Pero si, fomos "vienés" que viñemos á Baixa Austria para expandirnos. Pois elimináronse as árbores e os arbustos e víase a casa. Tiña o inconveniente de que levaba anos sen usar e, polo tanto, estaba en estado desolado con chan e faiado. Cando queimou todo, collín a miña bicicleta e explorei a zona coas montañas que lle pertencían e tiven que pasar unha e outra vez por un asentamento obreiro. Un día un rapaz que estaba alí preguntoume se podía baixar da bicicleta e sentarme con el. Fixen o que me pedira e senteime con el. Despois viñeron máis rapaces e desenvolveuse unha conversa interesante. A partir deste encontro desenvolveuse unha amizade durante polo menos dez anos e cada fin de semana facíamos algo diferente. Só co paso dos anos se uniron os socios, cada un destes amigos mudouse a outro lugar da Baixa Austria e as amizades disolvéronse.

Casa despois da reforma

1972 primeiro bico

Como os meus pais sempre quixeron ir de vacacións no verán, pedíronlle á igrexa evanxélica de Viena que toda a familia tivese a mesma fe. Isto deu lugar a vacacións con toda a familia en Estiria. Non eramos a única familia alí, había unhas 50 persoas. Fixémolo todos os días con todas as excursións e camiñadas que sempre foron agradables. Un día, volvemos dunha excursión un pouco antes, Ángela falou comigo, era un ano máis pequena ca min. Ela dixo que descubrira un niño de avispóns no faiado da casa na que vivíamos e que tiña medo de miralo de novo soa, se eu debía vir contigo. Ben, por que non, non pode pasar nada. Cando estabamos diante deste niño, de súpeto deuse a volta e bicoume nos beizos. Estaba horrorizado, só a miña nai tiña permiso para facelo e ninguén máis. Pero de todos os xeitos gardeino para min.

Venta de inverno de 1975

Como o meu irmán quería gañar algo ademais do seu soldo como empregado de banco, conducía dun restaurante a outro no distrito 10 e vendeu alí o xornal máis grande. Pero como eramos un só corazón e unha alma ata que tiña uns 20 anos, dixo que podía vender xornais e mercar o meu peto. Para iso, estaba parado nunha zona peonil do distrito 10 vestido cunha chaqueta amarela e loubando os meus xornais. Despois liquidamos as contas dos 10 aos 15 xornais da noite. Non era moi rendible, pero, como dixen, aumentouse o meu peto.

Setembro 1977 aprendizaxe

Meu pai coñecía ao director de RRHH dun gran comerciante e produtor de comestibles no distrito 16, que era moi coñecido naquela época, e por iso comecei unha aprendizaxe como dependente de oficina. O primeiro que fixen foi traballar na contabilidade por xunto. Atopei alí catro homes de 50 anos ou máis. O xefe de departamento para isto era un asinante autorizado. Pero como acababa de saír do internado antes, gocei da miña liberdade recuperada. Isto manifestouse no feito de que non era tan estrito ao durmir unha noite no meu tempo libre. Isto significa que agora que tiña un amigo en Viena que se chamaba Ernst, saíamos case todas as noites pola noite. Por suposto, ir a casa era tarde. Entón, o meu rendemento laboral ao día seguinte foi en consecuencia. O director xeral, ao que estaba sentado de costas, golpeaba a mesa unha e outra vez co bolígrafo para seguir traballando. Non obstante, co paso do tempo, o traballo de só engadir de 100 a 200 albaranes nun día enteiro fíxose demasiado aburrido para min, polo que decidín falar co meu xefe sobre se podía ser trasladado a outro departamento do grupo. A miña solicitude foi concedida e trasladáronme ao departamento de té. Alí coñecín a un mozo despachador e o seu xefe era asinante autorizado. Aquí non aprendín moito sobre o oficinista, pero o vello director ensinoume moito sobre o té. Entón tiven que organizar a degustación do té todas as mañás, que pasou por un ritual moi especial: Entón comecei montando polo menos 10 cuncas de auga quente e despois só permitín engadir exactamente 2 gramos de té. Entón o señor pasou e deu un grolo de cada cunca, gardándoo na boca e deixando que lle escorresen as súas papilas gustativas. Con este manexo puido determinar a calidade deste té e despois pediuse a cantidade correspondente. No transcurso do meu traballo neste departamento, engadiuse un sistema automático para a elaboración de bolsitas de té, que me fascinou moito, porque por un lado o té entregado estaba en caixas grandes e ao final as 20-25 bolsitas de té acabadas. saíu cargado. Pero como o que podía aprender era limitado, quería volver a un novo departamento e por iso cheguei ao departamento de produtos frescos cando tiña uns 18 anos. A partir de aí preparáronse diariamente as entregas de froita e verdura para as 250 ramas. Para iso, as tendas individuais tiñan que atender os pedidos por teléfono todos os días, claro está. Xa que xa tiña cumprida a idade na que se me permitía realizar horas extraordinarias segundo a Lei de Protección da Xuventude, apunteime aos oficios dominicals, que estaban debidamente remunerados. Os meus compañeiros tiñan practicamente a miña idade, polo que pronto se formaron amizades. Así que de cando en vez iamos tomar algo despois do traballo dominical, ata que alguén dixo que tiña algo con el que só se podía consumir en cuartos pechados. Como era inxenuo daquela, entramos nun apartamento e sentámonos no chan por falta de asentos. De súpeto o dito compañeiro sacou do peto un cigarro, acendeuno e pasouno. Sen sospeitar, eu, coma os demais, atraín este suposto cigarro. Despois, cando se afumou, informáronme de que se trataba dun conxunto. O meu resumo foi bo, a miña credulidade e, sobre todo, non sentira nada, así que o asunto estaba resolto por min e nunca volvín tocar nada así.

Setembro 1978 Primeiro piso

Despois de que o meu irmán dixera cuns 21 anos que xa non tería muller e que xa tiña o seu propio piso, conseguín o pequeno piso duns 35 metros cadrados na mesma casa na que vivían os meus pais en Viena. Neste momento, con todo, tamén comezou onde tiven que loitar durante uns 30 anos. Por unha banda, tiven amigos dunha soa vez na fin de semana na Baixa Austria e un amigo en Viena. Con este último saín case todos os días da semana e así pasou que non facíamos moitas cousas diferentes. Despois fomos principalmente a bares nos que se podía xogar ás cartas. Pero como isto se volveu un pouco aburrido co paso do tempo, decidimos xogar por diñeiro. Pero iso tampouco foi satisfactorio, polo que vimos máquinas en máquinas locais onde podes inserir cartos e gañar. Naquela época chamábanse bandidos dun brazo que se podían atopar por toda Austria. Si, ao principio sempre houbo beneficios menores ou maiores, pero co paso do tempo, por suposto, foi un déficit. Sobre todo, descubrín que estes dispositivos tamén estaban dispoñibles na Baixa Austria. E así comezou a miña adicción, certamente non de inmediato, pero co paso do tempo cruzara unha liña da que non era consciente.

Maio de 1978 daltonismo

Daquela tiven que ir ás Forzas Armadas austríacas para a redacción. Daquela non tiña ningunha queixa de saúde, pero entón presentáronme unha tarxeta con puntos de diferentes cores e pedíronme que lera un número e unha carta del. Pero non podería facelo, aínda que mirase os mapas desde diferentes ángulos. Noutras palabras, comprobouse que son daltónico, é dicir, cego-vermello-vermello. Non obstante, a Comisión determinou que estaría plenamente cualificado. Medio ano despois quería sacar o carné de moto e coche co meu pai. Para iso, porén, tamén tiven que soportar unha proba. Entre outras cousas, obsequiáronme outra tarxeta de cores da que non puiden volver ler nada. Despois dixéronme que tería que someterme a máis exames, entre eles unha proba de reacción no padroado respectivo e unha proba psicolóxica no distrito 3. Esta proba psicolóxica tiña unhas 20 páxinas e era tedioso de cubrir porque non fixen sentido diso. O meu argumento, que tamén expresei, foi que estou plenamente cualificado e non me permiten o carné de conducir, pois entón vouche disparar porque non me podo decidir entre o vermello e o verde. Polo que sei, só o vermello do semáforo está sempre no mesmo lugar. Por fin conseguín o carné de polo menos un coche, renunciei ao de motos, aínda que tiña 2 ciclomotores con 16 e 17 anos, e nunca tiven accidente con eles.

Outubro de 1980 Exército Federal

A principios de outubro fixen o servizo militar nas Forzas Armadas austríacas no cuartel de Martinek (pensión?). As primeiras seis semanas foron un adestramento básico e tamén esgotador. Cando era o meu aniversario a principios de decembro, estaba de garda, de todas as cousas, e iso nun día festivo. Isto significa que unhas 15 persoas recibiron 20 cartuchos de munición real por cada un polo garda de servizo. Agora tiña que sentarme á mesa e agardar a que chegase unha orde, dicir que paseaba polo cuartel. Non sei como, pero de súpeto quedou na mesa unha botella de 2 litros con viño branco e os meus compañeiros animáronme polo meu aniversario. Si, pero por desgraza non foi a única botella que consumimos. Isto significa que durante a seguinte rolda de controis na zona dos cuarteis o camiño fíxose cada vez máis estreito e ao final tiven que descargar o meu rifle con 20 cartuchos de munición real nas lagoas. Eu non conseguira facelo eu, axudoume un compañeiro. Quedou impune todo o asunto salvo un informe obrigatorio coa seguinte amonestación. Despois das primeiras seis semanas, asignáronme á oficina de prensa. Este maior estivo alí pola mañá, pero logo saíu da oficina e volveu unha hora antes de rematar o traballo. O meu traballo alí consistía en buscar reportaxes sobre o soberano nos distintos xornais. Non foi unha tarefa que leva moito tempo, completouse bastante rápido. Así que puiden poñerme ao día do que tiña moi pouco durante a noite, é dicir, o sono. Cando me mudei en outubro, tiña 65 quilos repartidos na miña eslora. Na zona do cuartel coñecín o viño de Baden porque non o coñecía antes. Cando me desarmei despois de 8 meses pesaba non 65, senón 72 quilos, que non superara ata hoxe.

Profesión de setembro de 1980

Completara con éxito a miña aprendizaxe como funcionario de oficina, o servizo militar con menos éxito, así que pensei para min como seguir. Agora interesoume os cursos nocturnos e comecei un curso de contador, que pronto me resultou mal. Así que descubrín que os ordenadores tiñan futuro e dende 1980 ata 1981 fixen cursos de programación en WIFI Vienna, que ían todas as noites de 18 a 22 horas. Eu completeino con exames polo menos en Pascal, en Cobol non aprobei. Cos certificados quería dicir que tiña mellores posibilidades no mercado laboral e a finais de agosto de 1981 deixei o meu traballo no almacenista de comestibles. Inmediatamente volvín ter un traballo como empregado de oficina nunha empresa que fabricaba tubos e caixas de interruptores, que estaba situada no distrito 5. Despois de aproximadamente un ano trasladámonos ao distrito 11, onde tamén estaba situada a fábrica desta empresa. Alí tiven un simpático graduado de negocios maior que tentara unha e outra vez inspirarme. Pero cando se xubilou, unha muller enxeñeira graduada veu como sucesora. Isto tiña o obxectivo de aforrar e así foi que me despediron despois de dous anos e nove meses. Daquela aínda había indemnizacións por despedimento con polo menos dous soldos, pero só despois de tres anos na empresa. Entón tiven que buscar un novo traballo e decateino nos xornais. Despois atopei un traballo no que se facía a preselección nun instituto psicolóxico de probas. Así que vin a este instituto a principios de maio de 1984 e presentáronme un feixe de 20 páxinas de probas para cubrir. Despois de facer unhas cantas entradas neste papel, pensei para min que xa tiña na man estas follas de papel. E así foi exactamente, anos antes tiven que facer a mesma proba para sacar o carné de conducir e ese día para optar a un traballo. Parece un pouco raro. Despois de avaliar a miña información, pedíronme unha entrevista no distrito 8. O requisito previo para este posto era que só fose substituto dun ano de permiso parental. Alí tiven que dar conta dos bolseiros que traballaban no centro de investigación da Baixa Austria e tamén coidar a contabilidade bancaria. Pero dado que todo era un reto demasiado pequeno para min, apuntei a outras tarefas. Estes incluíron finanzas, orzamento e contabilidade de activos. As linguaxes informáticas que aprendera, que adquirira anos antes, non foron utilizadas porque o impediu o "programador" existente. Así que rematou o primeiro ano de baixa por maternidade e o meu xefe daquela, co que agora tiña unha pedra na directiva, prorrogou o meu contrato sen dubidalo. Pero como a oficina do distrito 8 estaba pechada aproximadamente un ano despois de incorporarnos a esta empresa (semipública), tivemos que trasladarnos á Baixa Austria. Tivemos a oportunidade de utilizar o autobús da empresa desde Viena. Pero o traballo non comezou ata as 8:30 da mañá e era demasiado tarde para min. Entón, falei cun compañeiro que dirixíamos a traballar xuntos co meu segundo coche. Ao facelo, contribuíu aos gastos de viaxe. Iso significa levantarse da cama todos os días laborables ás 6 da mañá, conducir 35 km fóra e 35 km de volta pola noite, sexa cal sexa o tempo. Pero como eu valoraba este traballo na Baixa Austria, aceptei. O tempo que pasei alí non foi só profesional, senón persoalmente o traballo rico en experiencia que tiven na miña vida, sobre todo porque aprendín moito del. En contabilidade, así se chamaba o departamento no que traballaba, había unhas 15 mulleres e só 2 homes, o que inicialmente me afectou menos. Co paso dos anos, porén, fixen amizade cun compañeiro que traballaba a dúas habitacións. Era uns 2 anos máis nova e era bastante intelixente, vivía preto do seu traballo cos seus pais nunha casa de dúas familias. Como tiña que vir, foi, a amizade fíxose máis. A maior parte do tempo quedei na súa casa, pero volvín ao meu apartamento de Viena. Entón un día díxome que estaba embarazada de min. Eu tiña entón uns 26 anos e el vía como o meu deber propoñerlle porque ela aceptou. Xa buscabamos unha igrexa ou un rexistro e máis ou menos puxemos data para a voda. Na empresa, por suposto, rumoreaba en segredo que estaba a suceder algo que non me gustaba moito. Non obstante, dado que pola súa parte só era a declaración do embarazo e non puiden ver nin escoitar nada máis ao longo dos meses, volvínme escéptica sobre se isto sería certo. Agora, ademais, a "presión" dos compañeiros foi cada vez maior. Así que a finais de 1987 decidín abandonar o meu cargo despois de tres anos e medio e deixara que a prima na empresa porque a súa cualificación era inferior á miña. Iso si, tampouco houbo liquidación de dous soldos, xa que me resignara. Comprobei o suposto embarazo da miña moza naquel momento tempo despois, pero probablemente nunca estivo embarazada. Lamentoume este posto porque aprendera moito, aínda que non sempre as condicións fosen as mellores.

Xaneiro de 1988 empregado por pai

Como o meu pai cumpriu este ano 58 anos, decidín comezar a traballar para el como dependente de oficina, o que significa que eu era máis ou menos autónomo neste momento, porque un pai non pode facer moito polo seu fillo. Como tiña contabilidade na escola de formación profesional, decidimos que a faceríamos nós. O noso asesor fiscal só tiña a tarefa de confeccionar a respectiva declaración ou balance fiscal e presentalo na Axencia Tributaria. En 1989, o mesmo asesor fiscal dixo que unha cantidade de 0,25 S no balance era só unha cantidade de Mickey Mouse e, polo tanto, era irrelevante. Así que rescindimos o noso contrato con el e durante os próximos anos elaborei eu mesmo a declaración da renda e o balance resultante. O único inconveniente disto era, por suposto, que non tiña experiencia neste sentido. Así que no ano seguinte recibín unha carta da oficina fiscal responsable. Cando o abrín, lin unha estipulación de 1,5 millóns de chelines atrasados. Afortunadamente, estaba sentado cando abrín esta carta. Cometín un erro de coma ao cubrir o formulario correspondente. Despois de entre 4 e 5 citas, corrixín iso. Durante este tempo tiven ao redor de 100 colporteurs (clientes) aos que tiña que entregar todos os días, moi poucos tiñan tempo para vir ao noso local comercial no distrito 20. Para explicar un colporteur era unha persoa que vendía xornais diarios pola noite ou pola mañá con chaquetas de cores en prazas, estacións de tren e rúas. Para min, sempre foron considerados comerciantes independentes. Isto significa que me compraron revistas, é dicir, obras impresas periódicas, con certo desconto e despois vendéronas a un prezo fixo de fin de venda que se especifica en cada produto. A desvantaxe desta industria é que hai un dereito de devolución do 100 por cento. Se un cliente me compraba 10 pezas dunha revista e só vendía 5 delas, podía devolverme as 5 pezas restantes cando a revista era nova e despois compensaron con estas. Por suposto, tamén tiña dereito cos meus provedores, como maioristas e editoriais. Todo estaba asociado, por suposto, a un tempo enorme e, sobre todo, a un control preciso das respectivas facturas. Así, unha semana de 50 a 60 horas non foi a excepción, senón a regra.

Setembro 1992 autoemprego

O meu pai tiña 62 anos este ano e tiven que argumentar moitos argumentos de que finalmente se xubilara despois de 47 anos de cotización. Non lle valería moito económicamente. Así que asumín este maiorista de revistas con dúas licenzas comerciais, daquela non había outro camiño. Significa dúas pertenzas á división de cámara e, como consecuencia, dúas cotas por ela. Despois dous ou tres anos despois apareceu un competidor. Este Sr. Robin tivo a oportunidade de montar o seu propio colportage a partir dun diario máis pequeno. Noutras palabras, proporcionou a varias persoas estranxeiras chaquetas e xornais diarios e distribuíu a estas persoas por toda Viena. Co paso do tempo, porén, souben que este home non daba a xente as prazas de balde, senón que esixía a cada persoa un depósito en cantidades de 5 a 6 díxitos e iso antes de que se lle asignase unha praza. Dado que, que eu saiba, isto só se escribiu moi escasamente por escrito, xa sospeitaba a estas alturas que nalgún momento ía ir mal. Como isto non me preocupaba moito, deixeino gobernar. Entón un día achegouse a min e díxome que podíamos facer contra-acordos, o que non tiña ningunha obxección. Conseguín revistas dalgunhas editoriais vieneses en boas condicións e con el non foi moi diferente. Isto foi ben por un tempo, el entregou a min, eu a el e foi compensado contra. Pero un día, non foi unha gran cantidade para conseguir, o teléfono soou e Robin estaba na liña. Dixo que aínda lle debía algo e que quería reclamalo. Iso púxome tan furioso que dixen que renunciaba á miña petición e que xa non quería saber nada del. Si, ben, ese era só o meu desexo. Contratou cada vez máis árabes, paquistanís e indios e, finalmente, acudiu aos meus dous principais provedores. O antecedente é que cando comecei a traballar no negocio por xunto de revistas, falei con estes dous provedores para conseguir o desconto un 4,9 % máis alto. É dicir, en lugar do 28,2% a superior cun 33,1% bruto. A miña solicitude quedou sen resposta mesmo cando dirixín ata a sede dun provedor en Salzburgo, entón conseguira o aumento do desconto uns 10 anos despois. O señor Robin dirixiuse a estes dous provedores con calquera cousa e inmediatamente tivo o desconto máis alto, que conexión estaba clara para min, pero non vou dar esta miña.

Local comercial no distrito 20 con pai

Novembro de 1988

Agora tiña 28 anos, os meus amigos da Baixa Austria separáronse por todo o estado federal, en parte por razóns profesionais, en parte por razóns de asociación, e así estaba pola miña conta. Unha vez máis foi un sábado tan soso e entón ocorréuseme que alí vivían dúas nenas a 30 quilómetros de distancia, ás que xa coñecía dende a miña infancia cando veraneaba co meu irmán e nai na Baixa Austria. Entón subín ao meu coche e dirixín ata esta cidade de 800 habitantes. Atopei non só dúas nenas, senón 3. A amiga da muller maior estaba de visita. Despois de pouco tempo fixen a proposta de ir a bailar. A amiga dixo que estaba cansa e que tiña que ir a casa co seu marido. Así que me quedaron os dous e despois dun tempo de maquillaxe e estilismo, chegou o momento. Levamos o meu coche uns 60 quilómetros ata o barrio veciño, había moi pouco na zona a este respecto. Pois agora estaba alí sentado na discoteca con dúas nenas, unha cinco anos máis nova e non necesariamente guapa, e a outra, un ano maior e bastante "vestida". Agora non me quedaba máis remedio que alternar bailar cun e despois co outro, e iso para min, cando era un bailarín tan talentoso. Durante o serán, xa era pasada a medianoite, o 13 de novembro, mentres me sentaba á mesa, notei que un xeonllo seguía chocando co meu e despois quedaba. Creo que os seguintes bailes completaron o achegamento dos maiores e chegou como tiña que vir. Foi marabilloso. Isto entón durou ben 20 anos.

Outono 1995

Dado que o meu competidor era cada vez máis agresivo con respecto á venda de xornais e revistas, e recorreu a maiores descontos para os seus colportistas, tamén tiven que reaccionar. Afortunadamente, tiña daquela unhas cantas editoriais austríacas nas que podía vivir, porque polo menos naquel momento non había nada que facer cos devanditos maioristas. Isto expresábase no feito de que eu só podía vender a miña mercadoría en segredo, porque cada vez que acudía aos meus clientes -e son dende hai anos- sempre había un árabe que podía ser destinado á empresa Robin, co meu comprador e así impediu a miña venda. Así que tiven que poñer á venda as miñas revistas de forma indirecta, porque o comprador dos meus produtos tería sufrido inconvenientes económicos se me viran comprar. Pero como o intelecto destes órganos de control non era necesariamente o máis alto, seguín subindo os meus bens, aínda que con dificultades. Daquela puiden aumentar as vendas (uns 600.000 Schilling en total en balance) e o número de revistas enormemente, de modo que o meu principal provedor chegou a min nun camión grande no distrito 20, onde me fixera cargo do negocio de meu pai. locais. Moitas veces había 2 palés de mercadorías con 10.000 revistas. Daquela subira tanto, probablemente por motivos de competición, que a semana ía de luns a domingo. A miña compañeira Britta, dende 1988, queixárase con razón diso e tiven que cambialo, polo que polo menos tomei o fin de semana libre. Pero xa que son un pouco groso e farei o que me propoña. Así que resultou como debía. En febreiro de 1998, vin por casualidade que un dos dous principais provedores deixara de entregar á empresa Robin. Uns días despois puiden establecer oficialmente que a empresa de Robin estaba en quebra. A cantidade de quebra foi de ATS 35 millóns. Esta cantidade, sen dúbida, só incluía unha pequena parte dos depósitos que o Sr. Robin e os seus empregados quitaron aos colporteurs. Corría o rumor de que roubara uns 15 millóns de xelíns dos seus 100 a 200 coportistas. Tamén souben que despois do concurso de acredores este home só se atreveu a saír á rúa con gardacostas, probablemente polos depósitos retidos. Debido á quebra, de súpeto estaban dispostos a darme o desconto máis alto de 33,1 brutos. Si, pero para entón xa era demasiado tarde.

Vacacións de xullo de 1998

Despois de que nunca fose un fan de ir de vacacións, aínda tiven unhas vacacións de 2 semanas en Creta, que ata hoxe probablemente foron as máis fermosas da miña vida ata agora. Tamén houbo algunhas experiencias que quedaron na miña memoria: Nós, a miña compañeira Britta e máis eu, tiñamos prestado un ciclomotor. O único estúpido foi que era un semiautomático. Noutras palabras, os dous estabamos sentados neste vehículo e, ao parecer, deixei que o embrague viñese demasiado rápido e así o meu compañeiro estaba sentado no chan. Pois si, a metade do primeiro obstáculo. O propietario díxonos que só nos permitía conducir a menos de 50 quilómetros. Escoitamos iso e comezamos a nosa viaxe. Pero como esta illa ten o inconveniente de que, a diferenza de nós, había que subir e baixar cada montaña, así que nós tamén o fixemos e os 50 quilómetros quedaron esquecidos. No alto da montaña tomamos un descanso e sentámonos na herba. Entón Britta dixo de súpeto que vira algo laranxa no bosque próximo. De momento subimos por debaixo do valado e atopamos unha laranxa que ao parecer se pasaba por alto durante a vendima. Por suposto que os escollemos de inmediato. Cando a pelamos, entrou nos nosos narices un cheiro incriblemente forte e, sobre todo, o goce desta froita era indescriptible. Despois seguimos en coche, porque tiñamos moitas ganas de ir ao monte veciño a un mosteiro. Agora era mediodía e o sol batía con forza. O camiño non estaba asfaltado, era un camiño de grava. Con todo, seguimos a nosa viaxe. De súpeto notei que o ciclomotor xa non reaccionaba como eu quería. Tiñamos un "piso". Non había nada de lonxe. Entón tivemos que empurrar o vehículo coa máxima calor ata a seguinte gasolineira, que estaba a 5 quilómetros con seguridade. Non lle contamos nada ao propietario do que nos pasou, pero foi unha experiencia para os dous. Uns días despois o hotel no que estabamos aloxados facía un safari en jeep. Polo que recordo, había polo menos 10 jeeps cheos de comida e atravesamos a illa de norte a sur e de leste a oeste ata chegar a Elafonisi (as Maldivas de Creta). Si, tiñamos comida dabondo, dende carne ata ensalada, pero o que faltaba era os cubertos. Así que as mulleres foron ao mar, lavábanse as mans e preparaban coas mans as ensaladas. En calquera caso, sabía ben. Un ano despois, de novo en xullo, fomos de vacacións a Lanzarote. Alí non nos gustou demasiado, xa que toda a zona nos parecía moi estéril, tampouco podíamos ir a nadar ao mar, a auga estaba moi fría (Océano Atlántico). E de novo un ano despois de xullo de 2000 aloxámonos uns días nunha pensión de Estiria, dende onde fixemos unhas excursións. Desde entón case non teño vacacións, salvo en 2017 a Italia nuns días en autobús, que por suposto foi máis esgotador que coller o avión.

Agosto 2000

Cando volvemos das nosas vacacións en Austria (3 días - viaxe a Austria) en xullo de 2000, Britta díxome que tiña dor abdominal e que xa tiña unha cita co xinecólogo por iso. Despois desta cita, chamoume inmediatamente: por suposto estaba preocupada e dixo: Que boa cousa. Que debía ser iso? Ela dixo que vou ser pai. Quedei abraiado, pero os dous dabamos por feito que estaríamos alí para este neno. Nunca se abordou o tema do aborto, e foi bo, polo menos cando me enterrei. A data de vencemento foi fixada a principios de marzo de 2001. O 24 de febreiro de 2001, un sábado, Britta espertoume pola mañá e díxome que chegou o momento. Para o meu traballo, tiña unha furgoneta que levaba anos. Tamén nevou bastante o día anterior. Así que levamos uns 50 quilómetros ata o hospital sen calefactor no coche, porque non funcionaba. Cando chegaron ao hospital, déronse conta de que levaría un tempo. Así que só fomos dar un paseo pola neve no complexo. Pola noite deixeina coa petición de que me informasen, independentemente da hora do día, se viña. Non chegou ningunha chamada, así que dirixín ao hospital ás 8 da mañá o Entroido. Cando abrín a porta do seu cuarto, ela saudoume coa palabra: Sorpresa! Un momento despois abriuse de novo a porta e unha enfermeira tróuxome o meu fillo. O que recordarei para sempre foi o momento no que o tiven nas mans por primeira vez. Indescritible.

O meu fillo con 10 meses

1990 - 1991 apartamento

Ata entón vivía no pequeno piso que tiña cando tiña 18 anos. Pero como a administración da propiedade e o propietario do edificio de apartamentos querían unha renovación xeral da casa, tiven que mudar un piso a un piso un pouco máis grande. O meu apartamento fusionouse co apartamento veciño coa promesa de que podería volver a mudar ao apartamento de 70 metros cadrados despois de rematar a obra. Isto tamén se observou e en 1991 mudeime a este apartamento. Pero como a miña adicción empeorou co paso dos anos, que daquela descoñecía, quedei atrás no pago do aluguer. Así que chegou, como tiña que chegar, a un proceso de desafiuzamento. Britta e eu buscabamos un apartamento. Ela atopou o que buscaba nun anuncio dun xornal. Un dúplex no distrito 2 cun aluguer duns 10.000 chelines. Apuntei que non podía pagar, pero non necesariamente foi aceptado. Polo tanto, devolvín o piso do distrito 20 sen un aviso de desafiuzamento e mudeime ao distrito 2. Pero como a miña paixón polos xogos non mellorara, senón que empeorou, axiña atopeime co mesmo resultado que no distrito 20. Así que busquei eu mesmo un Garcionerre no distrito 20 que me puidese pagar.

1980 – adicción

Todo comezou pouco, botou uns cantos xelins nunha máquina e quizais gañou algo unha vez, pero volveu botar iso directamente a este balde, porque o gran beneficio está chegando. Tardei uns 15 anos en darme conta de que era adicto ao xogo. A miña compañeira Britta animoume a someterme a terapia, pero tamén tiven que admitir que era viciado diso. Entón busquei axuda de Gamblers Anonymous. Había terapias grupais unha vez á semana e terapias individuais previa cita. A terapia individual provocoume unha crise nerviosa porque nunca antes experimentara nada igual, sobre todo porque o terapeuta fora moi profundo. A terapia de grupo non tivo necesariamente éxito porque subín ao coche despois da sesión e acabei de novo nun arcade. Así que non lle vin sentido a esta terapia. Ao parecer tiña que facer máis neste sentido. Britta preguntoume sobre o progreso desta terapia ou se deixara de xogar. Respondo con "si", que deixara de xogar. Polo que sei, esa foi a única vez en 20 anos de asociación na que lle mentín. Pero tamén tiña o costume de evitar con habilidade preguntas delicadas, especialmente as de carácter financeiro. Entón, naquel momento non vin saída e os pensamentos de suicidio achegáronse cada vez máis.

Quebra de xuño de 2001

O 15 de febreiro de 2001, dez días antes do nacemento do meu fillo, tiven unha negociación de bancarrota. Isto foi precedido por presentar a miña propia iniciativa ou o meu entendemento comercial. Diso falei co xuíz e puidemos acadar unha compensación de arredor do 13,84% que poderiamos ofrecer aos acredores. Nesta vista no Tribunal Mercantil de Viena estiveron presentes dous representantes de acredores duns 20 acredores. A cota ofrecida non foi aceptada tanto polos avogados da asociación de protección de crédito como por AKV. A mediados de xuño de 2001, as autoridades municipais do distrito 20 pedíronme a devolución das dúas licenzas comerciais que tiña dende hai case 9 anos. A razón disto foi que acumulara bastante débeda ao longo do tempo. Fixen isto e logo rexistráronme como desempregado. Meu pai, que daquela estaba xubilado, comprou de novo a súa licenza comercial para a revista. E así seguiron os negocios, pero iso non me impediu xogar e, sobre todo, facer algo ao respecto.

2000 maxistrado / finanzas

Ao redor do cambio de milenio, os meus clientes seguían vindo a min e me pedían a confirmación dos seus ingresos. É dicir, as oficinas respectivas requiren o correspondente xustificante de ingresos ao prorrogar ou presentar de novo o permiso de residencia. Espérase oficialmente que unha persoa que vive en Austria debería ter uns ingresos mínimos de 700 €. Para min foi fácil de determinar porque había un desconto fixo e un prezo de venda polo miúdo. Así que escribinche se a cantidade era suficiente e recibiches o teu correspondente papel do maxistrado. En ningún día recibín cartos pola emisión deste papel, polo menos ata o ano 2006. Para min, estas persoas tamén eran comerciantes independentes e ademais tiñan que transferir o importe que tiña escrito á canle de valoración. Se realmente practicaron iso está fóra do meu coñecemento. Pero tamén o definín nos papeis expostos.

Marzo 2006 morte do meu pai

O 25 de febreiro de 2006 os meus pais viñeron a nós, Britta, o meu fillo Gregor e máis eu á Baixa Austria. A miña parella invitouna para o 5 aniversario do meu fillo. Despois de xubilarse en 1992, meu pai engordou uns dez quilos. Non estaba gordo, pero desfrutou da comida ao máximo. Por suposto, o meu fillo xa se enterrará cando tiña 5 anos, polo que bombardeou a meu pai con pastelería na merenda. O avó toma o bolo, sei que a ti tamén che gusta picar. Un cuarto de hora despois veu cunha rosca e o avó colleuna e comeu. Á mañá seguinte na tenda sobre as 7 da mañá xa estaba o meu pai, como de costume. Subimos ao coche e fomos ata un cliente. No camiño, díxome que durmir tan mal aquela noite. Ademais, erguíase cada media hora para ir ao baño coa correspondente dor no peito. Cando volvemos ao negocio unha hora despois, pedinlle urxente mente que fose ao noso médico da mesma rúa para botarlle unha ollada. Pois si, era inverno o 26 de febreiro de 2006 e meu pai foi ao médico con moita retranca só co xersei. Despois dunha hora soou o meu teléfono e tocoulle o turno. Debería traerlle unha chaqueta ao internista da rúa, porque o médico de familia tería enviado inmediatamente ao internista coa sospeita dun infarto. Esta doutora non se deixou levar ata alí para un diagnóstico e inmediatamente chamou á ambulancia para que os trasladasen a un centro hospitalario. Ao chegar ao hospital confirmouse a sospeita que sospeitaban os dous médicos. Alí foi revisado durante 11 días e posto en liberdade o 10 de marzo, un venres. O día 13 de marzo pola mañá, coma sempre, entrei na tenda sobre as 7 da mañá e xa estaba meu pai. Como o primeiro que fixen pola mañá foi poñer un café, tamén o fixen ese día. Mentres tanto, notei que o meu pai ía ao baño do corredor. Como de costume, preparei un café para a miña nai no primeiro andar da mesma casa e fun ao fondo da tenda na escaleira. Notei que a luz estaba acesa no baño do noso corredor (vidrio opaco) e sabía que só podía ser o meu pai, pero pasaran de 10 a 15 minutos cando o vin por última vez. Despois fun ao apartamento dos meus pais e falei con ela un tempo. Cando volvín pasar o baño, a luz seguía acesa e entrei na tenda, pero non había ninguén. Así que fun de novo ao baño e petei na fiestra, pero non houbo reacción. Mentres tanto, a veciña que vivía ao lado saíra do seu piso. Pero como non houbo reacción no baño, non me quedou máis remedio que esnaquizar a fiestra da porta co cóbado. Despois víuno xa sentado apoiado na parede e co sangue do nariz. O veciño chamou inmediatamente á ambulancia e tamén me trouxo roupa para o chan do corredor para poñela. O rescate foi alí bastante rápido e intentaron traelo de volta cun desfibrilador, pero en balde. A ambulancia comunicou ao axente médico que debía determinar a morte. Mentres tanto acudiu tamén a policía, onde un home estivo ao carón do morto ata que chegou o médico. Isto chegou despois dunhas 3 horas. A primeira das súas preguntas foi se había algún descubrimento recente que eu puidese responder, por suposto. Cando o mirou, dixo: Co cóctel non foi nada sorprendente e morrer en Viena o luns foi desfavorable, porque temos un atasco. Se non estivera de loito, non sería capaz de controlarme ante este tipo de declaracións. Pero o que aínda me tocou foi que tiven que contarllo á miña nai, que estaba no seu piso. E o seguinte problema foi informar ao meu irmán, que levaba uns 20 anos sen contacto, que o noso pai morrera. Pelea cos seus pais pola herdanza á que lle correspondía. Pero estivo alí dentro dunha hora sen ningunha mala palabra. O 24 de marzo de 2006 tímolo soterrado no cemiterio central de Viena. Despois, cando se baixou o cadaleito, tiven un acontecemento decisivo. Herdei moito do meu pai, entre eles o feito de que non podemos falar dos problemas e que os seguimos evitando, agora xa era demasiado tarde.

Marzo de 2006 extorsión

O 14 de marzo devolvín ao maxistrado responsable do distrito 20 as dúas licenzas comerciais de meu pai. Xa coñecía o manexo neste sentido. O 20 de marzo, soou o meu teléfono e o número non foi reservado. No outro extremo estaba un home que non me dixo nome, aínda que eu preguntei varias veces ao longo da conversa. Dixo que debería seguir escribindo as confirmacións que levo escribindo dende o cambio de milenio. Cando lle preguntei por que debía facelo, díxome sobre as circunstancias do lugar onde creceu o meu fillo que só poderías saber se estabas alí. Por exemplo, cando foi hoxe ao xardín de infancia e similares. Iso claro que me cabreo e eu ameazoo. A súa resposta foi só que despois da chamada anterior enviaríame un estranxeiro e eu tería que emitir unha confirmación. Tería que cobrar 10€ por un mes e 15€ por varios meses, que despois pagarían esta xente. Ao principio negueime, claro, argumentando que xa non podía escribir iso porque non tiña dereito ao oficio, pero co paso do tempo a información sobre o meu fillo, o que facía, fíxose cada vez máis real e tiven que asumir que se quedou preto de Gregor, o que se comprobou un ano despois. Na aldea de preto de 800 habitantes e unha superficie de 34 quilómetros cadrados, os estraños chaman naturalmente a atención, especialmente cando conducen diante de edificios públicos, como unha escola ou xardín de infancia. Agora tiña a opción de ir á policía e presentar un informe, se é aceptado, e a protección para o meu fillo asignarase durante unha ou dúas semanas, e entón teño que tremer se o home se lle ocorre algo. A outra opción era que o fixera á miña maneira, cousa que me lin para facer independentemente das consecuencias. Así que as chamadas chegaban varias veces á semana cos números suprimidos e os estranxeiros, aos que só coñecía parcialmente, recibían as súas confirmacións contra pago. Cando preguntei á xente de onde tiñan contacto, non recibín información.

Entón decidín seguir a esta xente, pero polo menos ao principio isto non tiña esperanza. Mentres tanto, xa era o outono de 2007, o meu fillo foi á escola primaria. Na aldea, un home foi observado en varios lugares onde se supoñía que era un pederasta, xa que se lle vía repetidamente na escola ou na escola infantil. Pero isto foi un erro, todo estaba pensado para min. Un venres despois da escola, como todos os días lectivos, o meu fillo colleu o autobús escolar para casa. Dado que o camiño duns 500 metros dende o punto de saída ata o lugar de residencia non era totalmente visible, un coche veu de súpeto dende a rúa lateral, parou na casa do meu fillo e abriuse a porta do pasaxeiro. Un home falou con el e quixo darlle doces. O meu fillo reaccionou unha vez e inmediatamente correu cara á casa onde o agardaba a miña parella. Ela viu o vehículo e tamén chamou á policía, só que ata que chegaron o condutor estaba pola montaña a pesar do camiño sen saída. Cando o meu fillo me falou disto o mesmo día, venres pola noite, falei coa miña parella e díxenlle que non se trataba dun pederasta, que me tería aplicado, pero quedou coa versión do pederasta.

13 de decembro de 2006

Era un venres e outra vez un 13. Estaba sentado na tenda que tiña dúas saídas, unha ao patio da casa e outra á rúa. Escribín nos meus programas, como fixera durante moito tempo, e fun absorbido en consecuencia. De súpeto, bateu na porta do patio; pechara a outra porta. Era ao redor do mediodía e supuxeron que era unha festa na casa. Cando abrín a porta, había un home duns 190 cm de altura cun aspecto ben coidado. Identificouse co seu nome e DNI como o "Director Oficial" da Oficina Tributaria de Viena. Agora dixo, sostendo un papel A4 na man, que levaba na man unha confirmación onde se atopaba o selo da miña empresa e a miña sinatura. Tamén afirmou que estaba impreso por ambas as caras. Tamén preguntou se podía entrar, cousa que non me neguei. Pero entón inmediatamente tiven que refutar as súas afirmacións. Por un lado, nunca dera da miña man papeis impresos por ambas as caras e, por outro, tampouco lle puxera un selo a esas cartas, que xa estaba incluída no programa que escribira. para eles mesmo. Nunca tiven a carta na que se baseou esta afirmación. Agora dixo se podía mirar no meu stand PC, o que non me neguei. Tamén quería mirar e sacar fotos dos meus extractos bancarios, que tiña na estantería detrás, que non me neguei, porque non tiña constancia de ningunha culpa. Agora comezou a tomar os seus minutos. Cando preguntou como se producían tales confirmacións de ingresos, de cando e por que, concluíu a visita coa pregunta de que tería recibido por iso, e non só se refería aos cartos, senón tamén aos produtos naturais. Que lle debo contestar agora, porque mentres tanto decateime de que necesitaba o seu sentido do logro, e por outra banda aínda tiña neste momento o meu chantaxista, que me puxo bastante presión. Así que respondín á súa pregunta coa resposta: non recibín nada a cambio. A súa reacción foi que non cría isto. No ano seguinte veu á miña tenda dúas veces máis sen previo aviso e seguiu buscando. A última vez, preguntou se podía levar consigo o PC de stand á oficina de Facenda, o que lle respondín afirmativamente despois dun tempo para pensalo. É hora de pensar no feito de que non necesariamente tería sido beneficioso para o ordenador, pero por suposto non tiña nada que ocultar. Tíñaa de novo en estado de funcionamento en dous días, pero non me dixo se se atopou algo ilegal ou non. Ata aquí todo ben ou non. No outono de 2007 houbo entón unha "invitación" á oficina de Facenda do distrito 22. Alí ofreceume os resultados da súa inspección fiscal, como se chama en alemán financeiro. Xa me indicara que tería que agradecerme se non lle dixese o que faría para emitir a conta da renda e por iso acordamos este nome. A súa estimación foi que pensaba que tería recibido 100 euros por cada confirmación, comezando en 1998 e rematando en 2008. É dicir, uns ingresos de 40.000 euros e un gasto de "aloxamento" menos o 50 %. Así que, aos seus ollos, gañaba 20.000€ ano tras ano con este traballo, que tamén se reflectiu no modesto IRPF correspondente. Dun golpe, tiven dúas reclamacións da oficina de impostos e da compañía de seguros de saúde por un importe de 6 díxitos, contra as cales respondín inmediatamente apelando ao entón senado de finanzas como órgano de nivel superior das oficinas de impostos. hoxe, que eu saiba, é a procuraduría financeira. Todos os nomeamentos, e que daquela era de 9 anos, foron rexeitados ou rexeitados polos despachos individuais. O Estado ou os seus funcionarios teñen maiormente razón, o cidadán apenas. O que non esperaba nese momento, con todo, era o feito de que este director oficial, non só o considerase un delito económico, senón tamén unha violación da lei. Tras completar o seu exame en 2008, transmitiu os datos que construíra, dos que nunca puido achegar probas, ao Ministerio Público de Viena co fin de comprobar a ilegalidade. Ademais dos meus nomeamentos no ano 2008, para os anos 2006 a 2008, cando por fin conseguín ao meu chantaxista, elaborei declaracións da renda destes 3 anos por un total de 2.500 € de ingresos procedentes da elaboración da conta da renda, que non se tivo en conta ata hoxe. Nos anos 1998 ata 2005 incluído non tiven ingreso por esta circunstancia. Esta Fiscalía tamén reaccionou en forma dos respectivos xulgados de distrito, onde entre 2009 e 2011 me "pediron" a comparecer como testemuña dunhas 100 citacións. O proceso alí sempre foi o mesmo. O tenor básico dos meus interrogatorios por parte do tribunal respectivo foi sempre o mesmo. Preguntáronme se publicara este documento e, por suposto, por que. Sempre había un estranxeiro sentado fronte a min que, entre outras cousas, foi acusado polo Departamento Municipal 35 de ter obtido ou comprado un permiso de residencia con tal confirmación. Presentóume o papel no que se baseou este proceso e tiven que determinar se o emitira ou non. O 90% deles eran papeis meus, pero tamén houbo falsificacións, que é o que afirma o director xeral. Os estranxeiros acusados, aos que coñecía polo menos por aparencia, conseguiron, se realmente eran declarados culpables, de 2 meses a tres anos, condicionalmente, sen máis. Como xa comentei, en maio de 2008 por fin collei ao chantaxista seguindo unha vez máis a un suposto colportista tras recibir unha confirmación miña. Con argumentos "poderosos" implorei a este home que borrase o meu número inmediatamente e que nunca máis me chamase. Non tiña moitas esperanzas, pero el mantívose por calquera motivo e nunca o volvín ver nin souber falar del, pero tamén cambiara o meu número de teléfono móbil. Nunca puidera averiguar o que sacou del ou non. Na primavera de 2010 recibín de súpeto unha carta rexistrada do Ministerio Público de Viena - Tribunal Penal de Viena. Nel pedíronme que compareza como sospeitoso na Fiscalía para ser interrogado. Cumprín iso e senteime fronte ao fiscal. Acusáronme de emitir declaracións de ingresos que non cumprían a lei. Como ese home de mediana idade tiña uns arquivos diante, folleábaos e preguntoume se sabía o nome que estaba lendo alí e, sobre todo, como xurdían este tipo de papeis. Despois confirmei as súas preguntas, pero pedinlle que me mostrase as confirmacións, onde puiden recoñecer de novo un 10% de falsificacións, que tamén viu. Polo que recordo, estivo con el por segunda vez este ano. Todo o asunto foi só o interrogatorio dun acusado por parte do fiscal. Na primavera de 2011 recibín outra carta certificada, pero esta vez do Tribunal Penal de Viena, onde debía ir como acusado. Alí coñecín un xuíz, o fiscal, que xa coñecía, e o meu defensor público que, na miña primeira reunión con el, denunciara que tiña que ler 6000 páxinas de documentos xudiciais para o xuízo. Agora chegou a esta negociación, onde naturalmente todas as partes fixeron preguntas. A cuestión de se recibira cartos por esta emisión dos papeis era de importancia secundaria, ao igual que durante o interrogatorio do fiscal. Puiden convencer ao xuíz o mellor posible coas miñas respostas e argumentos. O meu avogado mostrouse máis reticente, só cavando un precedente que tiña moi pouco que ver coa miña acusación. O fiscal foi un pouco máis persistente e fixo preguntas bastante rápidas. Resultado deste xuízo, o xuíz anunciou a sentenza, 24 meses de prisión, non significa prisión. Despois de que se pronunciou o veredicto, instruíume sobre a miña decisión respecto diso; Para aceptar a sentenza inmediatamente, 3 días para considerar ou apelar inmediatamente. Realmente non o esperaba, porque asumín que podía saír do xulgado como un home libre e inocente. Entón mirei para o meu avogado defensor e mostreille 3 dedos durante 3 días para que pensase niso. Pero ao ver que o fiscal vía a miña dúbida, dixo que recorrería ou emprendería accións legais. En febreiro de 2012 tivo lugar a segunda vista ante o Tribunal Rexional Superior de Viena, onde supuxen que o veredicto sería ao meu favor. Así que entrei na sala á hora sinalada e atopei un senado de xuíces. Cando se comprobaron os meus datos, un dos xuíces falou comigo: A sentenza do Tribunal Penal de Viena cambiarase a 16 meses condicional e 8 meses incondicional. A miña reacción a iso: Non pode ser iso! O xuíz dixo: Se non entendeu o veredicto, terá que estar detido durante 8 meses. Para min, un mundo derrubouse. Por un lado, estes papeis estiveran entregados de boa fe ata que me chantaxearon; por outro, quería protexer ao meu fillo, que ía mal nos pantalóns. Case nunca tiven vantaxe económica e fun castigado por iso. Por suposto, preguntei ao meu avogado que máis se podía facer ao respecto, pero tiven que entender que non había ningún recurso contra esta sentenza, só unha petición. Pero de inmediato non me deu esperanzas de que algo nesta decisión do Tribunal Superior Rexional cambiase como consecuencia de tal petición. Pero pedinlle que o fixera. Pero tampouco tivo éxito. Entón recibín unha carta do xulgado, onde tiña que estar na prisión de Simmering como moi tarde o 10 de abril de 2012 para comezar a miña condena de 8 meses de prisión.

2006 a 2011 todo sobre coidados

Cando o meu pai morreu en marzo de 2006, como xa se dixo, volvín enfrontarme a un desafiuzamento do meu Garcionerre no distrito 20. Agora, despois da morte do seu marido, a miña nai estaba completamente soa, e despois de case 53 anos de matrimonio, quitáronme o teito da cabeza, así que o que quedaba senón mudarse a un piso de 75 metros cadrados coa discusión A miña parte para darlle supervisión mutua, porque estaba bastante deprimida despois da morte. Nese momento, non podía dicir se a miña decisión era acertada ou non, e xa tiña 2 golpes detrás dela. No momento en que faleceu o seu marido, ela pesaba uns 80 quilos, non era gorda pero si fornida. O primeiro ano con ela nun apartamento foi bastante bo, fomos de compras, ao médico e para exames. Neste momento tivo que tomar uns 10 comprimidos ao día debido ás súas enfermidades anteriores. Entre eles estaba un psicofármaco, onde tiña que acudir cada vez a un neurólogo e non a un médico de familia para conseguir a receita. Creo que se receitaba porque estaba cada vez máis deprimida. Tamén se diría que facía o meu traballo na mesma casa, só separada por un patio. Significa que eu estaba na planta baixa e ela no apartamento do primeiro andar. No segundo ano, o seu estado empezou a deteriorarse rapidamente, comía cada vez menos e non quería saír á rúa. Lembro un episodio no que os dous estabamos a mercar no supermercado a uns 300 metros e ela non puido ir máis lonxe despois de pagar a compra. Así que senteina na tenda, corrín os 300 metros de volta ata a tenda e colleu o meu tobogán, que tiña desde hai anos, leveino ata a tenda, coloqueino no tobogán con moita desgana e leveino con ela para a casa. Non me importaba o que parecía. Ti non necesariamente. Todo parecía que pasaba con ela no apartamento de luns a venres e fun ver á miña familia na Baixa Austria o venres pola noite, Gregor e Britta. Pero como non debía estar necesariamente soa a fin de semana, o meu irmán viña durante dúas ou tres horas o sábado e iso se convertía nunha farsa case todas as veces. Unha vez chamoume porque non atopaba a medicación, outra por algunha trivialidade. É dicir, tampouco me foi de gran axuda neste sentido. Pero desde que se engadiron á crecente depresión, a paranoia e a demencia, o coidado da súa persoa fíxose cada vez máis difícil, é dicir, o coidado das 24 horas utilizouse plenamente. Durante o día, como xa non tiña concepto de tempo, durmía e durante a noite, cando eu quería durmir no cuarto do lado, asombraba o apartamento. Nin sequera tivo que recollela na sala de estar á media noite ou máis tarde e deitala de novo á cama. Ademais, xa non tiña unha visión xeral dos artigos domésticos que tiña. Aconteceu que ás 11 da mañá púxose no balcón e chamou o meu nome en voz alta porque estaba de pé, Peter, necesitaba polo menos dous tubos de pasta de dentes. Entón entrei no patio, vin a xesticular desconcertada mente no balcón e dixen que debería mirar na caixa, que eu sei había polo menos 10 tubos de pasta de dentes alí. O único que dixo foi que ela sabería o que necesitaba e non eu. Entón tiven que mercarlle os tubos 11 e 12 inmediatamente e inmediatamente. Nunca fixen iso, que fun mercar. A única vez que tiña que respirar eran as veces que ela pasaba dun hospital para outro, polo que só tiña que visitala durante aproximadamente unha hora, porque alí non había máis nada. Cada vez facíame máis difícil falar con ela porque non vía perspectiva. Nos hospitais individuais, creo que ela "visitou" case todos os hospitais de Viena, pero gardáronos un máximo de 10 días, porque fisicamente non atopaban nada e, no que respecta á psique, ninguén podía axudar. ela. Agora o meu querido irmán, co que, como dixen, non tiven contacto durante uns 20 anos, chegou á gloriosa idea de incapacitar á súa nai. Para iso, acudiu ao xulgado provincial competente e presentou a solicitude. A miña opinión sobre isto era que aínda estaba sensata, aínda que xa estaba en camiño de volverse tola. Entón, unha noite, despois dunha notificación previa, un avogado do tribunal provincial chegou ao noso apartamento. Estivemos presentes miña nai e nós dous fillos. Ao principio fíxolle as súas preguntas á miña nai, que as respondeu correctamente, pero despois o meu irmán, que fixera a solicitude, recibiu unha instrución bastante sólida deste avogado. Dixo que a muller estaba totalmente saneada e por que fixo a solicitude, que por suposto non puido responder. Esta solicitude foi, polo tanto, rexeitada. Ata este punto, a miña relación co meu irmán aínda era razoablemente educada e real. Despois diso foi cada vez peor, ata e ata as agresións físicas da súa parte en presenza da nosa nai. En setembro de 2010, volveu andar polo apartamento durante o día e caeu na sala de estar. Estaba fóra e por aquel entón. Daquela ela levaba uns 4 anos tres veces ao día como axudante a domicilio, porque eu non estaba sempre alí e o resultado foi unha caixa forte de chaves na entrada do piso, porque por suposto tamén estaban os servizos de axuda a domicilio e rescate. usado. Ademais, tiña unha pulseira cun botón de emerxencia que podía utilizar se fose necesario. Así que ese día chegou o rescate, que tamén me informou de que a miña nai lle pasara algo, e tamén entraron usando a caixa forte das chaves. Despois levárona ao hospital, onde se comprobou que tiña unha costela perforada nos pulmóns ao caer no piso. Agora conduciu de novo ao hospital máis próximo e falou co médico xefe do departamento. Preguntoume se a miña nai sería atendida as 24 horas do día despois de que fose liberada. Pero tiven que responder non a esta pregunta, porque estaba esgotada física e mentalmente non só por iso, senón tamén pola miña adicción. Habería que mandar con antelación que inmediatamente despois da morte de meu pai en marzo de 2006, meu irmán solicitara para ela praza nunha residencia de anciáns. Sería máis doado para el entón vela nun fogar un mes despois. Cando, despois duns 2 anos, recibín unha promesa para a casa do distrito 20, coñecía esta casa por dentro e por fóra, e ela torturoume coa decisión de que facer: á casa ou non. A este respecto, cómpre sinalar que esta vivenda atopábase nun dos seus contornos familiares e, como non leva moito tempo, tamén é moi fermosa. O meu argumento era que sería a súa propia decisión e que eu non o aconsellaría nin desaconsellaría. O meu irmán, por suposto, convenceuna inmediatamente para que ocupase o lugar. Despois dunhas semanas e meses negouse. Agora, como dixen, estaba no hospital e o concello de Viena buscaba unha praza nunha residencia de anciáns, que conseguiu a finais de 2010 nunha residencia recentemente inaugurada no distrito 22. Alí, no 8o andar cun ascensor, déuselle unha habitación cuns 20 metros cadrados. Polo que puiden dicir, era unha das máis novas da época, con 78 anos. A carón dos cuartos había unha sala común onde se reunían os internos para cotillear ou xogar. Lembro que dixen varias veces que debería saír do seu cuarto e falar cos demais. Pero a súa paranoia ou demencia estaba tan avanzada que xa non quería estar preto da xente, porque podían facerlle algo, como tiven que saber dela en varios hospitais cando vía xente con bata branca e que quería facer algo. para ela. Ela non permitiu o meu argumento de que só se trataba de persoal médico que quería axudala. O 2 de marzo de 2011 acudía á súa casa case todos os días a visitala. Ese día case non estaba dispoñible, nin puiden falar con ela. Cando cheguei a casa, tiven as miñas premonicións. Durante a noite, como de costume, apaguei o móbil. Pola mañá, cando volvín a acendelo, vin unha mensaxe de texto da casa. Confirmouse a miña premonición, quedou durmida tranquilamente nos brazos dunha enfermeira esa noite. Agora enterramos á nosa nai na mesma tumba onde estaba o meu pai. Agora estaba só nun piso de 75 metros cadrados coas miñas pertenzas e un aluguer de algo menos de 500 €.

Maio 2011 Neocathomenat

A miña relación coa miña nai non era exactamente a que tiña naquel momento, pero ela estivo aí para min mesmo na miña infancia, aínda que só sexa de forma limitada. Entón estaba nun dilema no que a ela respecta. Nun fermoso día de primavera de principios de maio, camiñaba pola canle do Danubio coa miña roupa vella un domingo, despois sentín nun banco e comecei a escribir no meu móbil. Como xa tiña unha vista moi limitada neste momento debido ao crecemento das cataratas, non vin demasiado. De súpeto o sol que brillaba na miña cara escureceuse. Cando levantei a vista, había dúas persoas diante miña que apenas puiden distinguir. Unha muller preguntoume se cría en Deus despois de presentarse como Anna. Tamén presentou á segunda dama, pero non lembro o seu nome. Habería que enviar con antelación que tería evitado tal discusión en calquera momento. Esta pregunta, que non quero contestar aquí, deu lugar a unha conversa de media hora e ao remate díxome: Convídote o vindeiro sábado ás 20.00 h. Anotarei o número de teléfono de Wolfgang para ti, se ocorre algo mentres tanto. Que foi iso? Invítame dúas mulleres que tiñan 10 anos máis ca min. Tamén me dixeron que eran do neocatólico, da Igrexa católica e non dunha secta. Vale, agora tiña un número de teléfono dun tal Wolfgang e unha invitación. Que se supón que debe ser? Agora deitaba na cama todas as noites e reflexionaba sobre esta invitación. Así que chegou este sábado e pensei que tiña cartos como ningún e por suposto que tiña curiosidade por que era iso. Así que, como de costume, saín antes de casa e cheguei alí no distrito 20 ás 19:30 h. Cando entrei no vestíbulo onde ía ter lugar todo o asunto, vin un home no outro extremo da sala que estaba colocando cadeiras plegables. Cando me viu na porta, achegouse a min, tendeu a man e dixo que era Wolfgang. Só entón me decatei de que aquel debía ser un cura, porque ía vestido de negro de arriba a abaixo. Cando entón preguntou o meu nome, quedei un pouco perplexo e empecei a tartamudear e dixen: Chámome Eduard. Este nome quedou comigo un tempo, ata que puiden persuadilo para que me chamase Edi. Tamén preguntou se podía axudarlle a montar as cadeiras de brazos, cousa que por suposto fixen de boa gana. Agora eran case as 20.00 horas e esperaba que se presentase algunha xente maior, as 20 cadeiras de brazos estaban listas e así que me sentei nunha delas. Entón abriuse a segunda porta da sala e entrou unha rapaza duns 16 anos cunha guitarra ao lombo. Co paso do tempo a sala encheuse e descubrín que era un dos máis vellos. Cando todo comezou pouco despois das 20.00 horas, claro, tiven que presentarme, cousa que nunca antes me gustara facer. Entón resultou que era unha eucaristía con dúas lecturas e un evanxeo da Biblia. Aínda tiña no fondo da miña mente que a miña avoa, que era católica, me trasladara moitas veces a misa na Igrexa Católica durante os meus tempos de escola e xa pensaba daquela que non era nada para min, todos os vellos, rezando. e axeonllarse e rezar de novo. Pero foi un pouco diferente e non só os participantes. As dúas lecturas da Biblia foron preparadas e lidas polos propios participantes individuais.

Wolfgang, que se presentaba como un sacerdote, só presidía e tiña que ler o Evanxeo e despois analizar todas as lecturas nun sermón. Tamén nós, todos os participantes, poderiamos anunciar o que nos tería contado a lectura respectiva e que voluntariamente. Tamén me gustou que a guitarra non estivese só para mirar, senón que sempre se entonaba unha canción entre as lecturas individuais, e todos cantabamos xunto con ela. Pois ben, isto rematouse arredor das 22.00 horas e comunicáronme que o martes seguinte ás 20.00 ía haber unha liturxia de palabras. Despois de prometerme este tipo de feira, volvín o martes. Entón fun irmán da que entón era a 10a comunidade do Neokathomenat, que tamén practicei durante sete anos e que persoalmente me aportou moito. O proceso nesta comunidade foi sempre o mesmo, de 3 a 4 persoas deste grupo tiñan que preparar a respectiva liturxia ou a eucaristía nunha das 3 ou 4 persoas na casa uns días antes e despois presentala nese día. Non sempre foi doado atopar xente suficiente para participar. Tamén tiñamos un domingo comunitario cada un ou dous meses e unhas dúas veces ao ano un fin de semana comunitario nun hotel da Baixa Austria. Cando cheguei a esta comunidade en maio de 2011, só levaba medio ano. É dicir, non se coñecían moi ben, pero isto cambiou co paso dos anos, xa que se ía preparando con outra persoa e así se vía o ambiente no que se movía. Daquela fixen amizade de dúas irmás, María e Giada. María naceu en Polonia e estudou en Austria, Giada era unha moza estudante de intercambio de Capri/Italia, duns 20 anos. Eu fixera moito cos dous, pero Giada tivo que volver a Italia no verán de 2012 cando xa falaba un alemán perfecto. O que me relacionou con María foi que ela permitiu a miña adicción tanto como eu, pero non en exceso.

Pena de prisión de abril de 2012

Así que o 10 de abril dirixín coas miñas pertenzas ao distrito 11 para comezar a miña pena de prisión, xa que cada vez eran menos. Isto veu precedido polo feito de que dous meses antes tiña outra demanda de desafiuzamento coa data de execución, o 10 de maio de 2012 no pescozo. Entón tiven pouco tempo para desocupar o piso no distrito 20. María e a miña compañeira, á que acudirei máis tarde, foron de gran axuda para min porque estaba en prisión preventiva nese momento. Cando cheguei ao centro de detención, rexistráronme a fondo e despois meteronme no pabellón pechado nunha cela duns 10 metros cadrados por parellas. Ao principio instruíronme o que debía e o que non debía facer, ademais de informarme de que departamento había. No patio só houbo unha hora de paseo durante o día, se o tempo o permite. Os dous primeiros meses, claro, tiven tempo dabondo, falar co meu compañeiro de prisión non sempre foi doado, así que collín a Biblia e lin de principio a fin, a pesar das cataratas. Despois de dous meses, fun trasladado ao sistema penitenciario relaxado, onde se podía traballar no centro de detención. Na sala había entre 6 e 10 persoas que traballaran en varios departamentos. Pero como son unha persoa que goza da súa liberdade, deixome trasladar de novo e acabei ao aire libre. Iso significa levantarme ás 4:30 horas e conducir dende o distrito 11 ata o cuartel do distrito 14, onde me destinaron a xardinería con outros presos. Como non era precisamente agradable estar ao sol todo o día en xullo de agosto de 2012, ansiabamos o final do traballo ás 16:00 horas. Despois diso tivemos que estar de volta no centro de detención ás 18.00 horas en punto. A confraternidade á que me unín un ano antes deume un enorme apoio durante ese tempo. Así se expresou no feito de que en todos e cada un dos días da miña visita, tres dos meus irmáns actuais viñeron a visitarme e me deron consolo. Como tamén tiven a oportunidade de pasar a fin de semana fóra da institución co departamento de exteriores, puiden asistir a un domingo comunitario, entre outras cousas. O que tamén había que sinalar aquí era que todos os meus parentes, incluídos algúns en forma de 4 curmáns e unha tía e un tío, non se presentaron durante as horas de visita, nin sequera quero falar do meu irmán. , porque sabía que estou sentado. Ademais, a miña irmá María presionábame moito para que me reconciliase cos meus pais, porque a facía culpable de onde estaba agora. Así sucedeu un domingo pola mañá cando me permitíronme saír a esta conversa ás 8 horas. Pois si, os dous estaban mortos, de que debo falar coas pedras. Pero como o cemiterio estaba preto do centro de detención, baixei do tranvía e fun á tumba. Ao principio non souben que dicir, pero despois creo que falei con eles durante media hora aproximadamente e acabei coas bágoas correndo polas miñas meixelas. Cando volvín ao tranvía, sentín 10 quilos máis lixeiro. Desde entón fixen as paces cos meus pais, aínda que só fosen pedras e dos meus beizos volverá saír unha mala palabra dos meus pais, non teño dereito, debería facelo mellor, pero parece que non o conseguín. tampouco, polo menos ata agora. Unha mañá cando volvía ao cuartel para traballar, ocorreume un accidente. Tiñamos a opción de restaurar no cuartel. Isto significa que puidemos almorzar, xantar e de cando en vez comida en forma de latas para a noite. Pois fun, como de costume, almorzar ás 6:30 horas e comer un bo pan fresco. De súpeto notei que a miña dentición superior estaba rota no medio. Así, pola noite en detención, concertei unha visita ao dentista, porque non me deron mordida. Eu tamén o conseguín e ese día tiven que quedar na institución. Hai que enviar con antelación que non tiven seguro médico durante a miña detención e que os gastos de calquera tratamento foron cubertos con cargo ao orzamento da xudicatura. Así que fun a un dentista que non necesariamente era o mellor, pero que cobrara moito á xustiza por arranxarme os dentes. No tempo, xa o tiña rexistrado, a miña catarata empeorou tanto que ao final só tiña un 2% de vista. Isto significa que tiven que coller a beiravía coa axuda dos meus pés. Estaba asumindo erróneamente que esta operación tamén se podía facer mentres estaba detido, pero dous días despois da liberación o 12 de decembro tiña o ollo axeitado para a operación e unha semana despois o outro.

Destituído o 10 de decembro de 2012

Ese día liberáronme e agora estaba na rúa cuns 700 €, unha visión do 2% e as miñas miserables pertenzas e sen teito sobre a miña cabeza. Pero como un irmán chamado Werner ofrecera mudarse ao seu gabinete no distrito 8 mentres estaba detido, aceptei con gusto. Só dixo ata que atopei algo. Como agora tiña demasiados cartos no peto, naturalmente me picaba, non tiven tal aspecto durante a detención, aínda que probablemente se basease na época. Así que pasou como debía, seguín xogando e despois dun tempo o irmán Werner preguntoume ata onde avanzara a miña busca de apartamento. Despois de ver que non lle puxera moito celo, deume con razón un ultimato. Eu tamén deixei pasar iso e, polo tanto, tiven que solicitar no concello de Viena un asilo para persoas sen fogar, que tamén conseguín no distrito 16 xunto cun segundo nunha habitación de 20 metros cadrados. Segundo a miña imaxinación, imaxinara que non terías que pagar nada por iso, pero foi un erro. Certamente non é o importe dun aluguer, pero polo menos foron 160€ que puiden pagar ao principio. Pero co paso do tempo iso xa non foi posible. A pesar dos orientadores sociais, víronse obrigados a sacarme da casa. Agora que? O meu patrón e amigo Kamal ofreceuse para acomodarme no soto do seu negocio, sen aseo e auga, xa que o ano xa estaba avanzado e o inverno estaba á volta da esquina, tiven que aceptar que, claro, sen o coñecemento da outra casa. festas. Non estaba só alí abaixo, tamén tiña mascotas en forma de ratos que me pasaban pola cara cando estaba durmindo. Ese foi probablemente o momento no que pensaba polo menos unha vez á semana para que vivía. Non conseguira nada, ao contrario, estragueino todo, con 11 anos tiven que mentirlle ao meu fillo que tiña que traballar en Berlín e polo tanto só o chamaba unha vez á semana dende o cárcere. Os meus pensamentos suicidas xa eran moi extremos daquela. Claro que os meus irmáns e irmás da comunidade tamén sabían de toda a miseria, pero tampouco me podían axudar, aínda que iso chegase ata o catequista.

Fin do 24 de decembro de 2014

Agora era o Nadal, coma nos anos anteriores. Durmín no soto, tiña mascotas comigo e 20€ na carteira. Aínda quedaba un pouco de comestibles, porque co paso do tempo puiden vivir con 6€ ao día para comer e fumar. Ben, que fas con estes cartos, vas á sala de xogos máis próxima e a cantidade desapareceu. Neste momento, no municipio de Viena decidiuse que o pequeno xogo de azar se suspendería o 1 de xaneiro de 2015. Significa que todas as máquinas que alimentei durante máis de 30 anos foron pechadas, pero só en Viena e non na Baixa Austria. Pois chegou o novo ano, non había máis máquinas en Viena e o diñeiro estaba de volta no peto. Agora tiven a oportunidade de subir ao tren, dirixirme a un suburbio de Viena e seguir comendo estes baldes. Pero ese non foi o caso, por que aínda non podo explicarme a día de hoxe, pero non importa, certamente non o cuestionarei. Noutras palabras, despois de ben 30 anos e as dificultades derivadas, curei esta adicción o 24 de decembro de 2014. Dende aquel día nunca máis tocara unha máquina. Por suposto, non puiden responder ao que apostara ao longo do tempo, pero supoño que definitivamente era unha cantidade de 7 díxitos. É dicir, co meu traballo pagara os meus impostos a través do imposto sobre as ganancias e as vendas e iso non moi escaso, polo menos pola miña parte, pero non podo xulgar se isto acabou coas respectivas oficinas como a fiscalía e o concello. O interesante foi que cando tiven a residencia obrigada en 2012 non tiña que xogar e case en liberdade, volveu continuar. Como foi agora? En febreiro de 2015 busquei de novo un lugar no centro de acollida para sen fogar e conseguínoo inmediatamente no distrito 16. Agora todo pasou nunha rápida sucesión. A traballadora social que me atendía presionábame moito para que me asignasen un piso comunitario. A taxa pola praza nos 160 €, - xa non eran un problema, polo que se pagaban regularmente. Xa que en xaneiro de 2013 xa presentei un piso comunitario, non esperaba que esta vez funcionase. En 2013 pedíronme que confirmase os meus contratos de rexistro e arrendamento dos últimos tres anos. Puiden cumprir a confirmación de rexistro, pero por suposto non puiden proporcionar un contrato de aluguer. Tampouco axudou o argumento de que eu era cidadán austríaco e nacín en

Viena. Estaba tan furioso naquel momento que me deixei levar dicindo que se me debería emitir este aviso negativo, porque necesito este papel para un lugar concreto. Ben de novo. A traballadora social desta vivenda pediume que depositase alí unha cantidade determinada na casa mes tras mes para que eu tivese cartos para o piso ao saír da casa. O 1 de xullo de 2015 recibín un pequeno piso de 36 metros cadrados no distrito 20, onde aínda vivo hoxe. Pero como case non tiña mobles, tiven que comprar de todo, dende cociñas empotradas ata armarios. Dado que o piso está no quinto piso, axudoume un compañeiro de piso do refuxio para persoas sen fogar. O que estaba a pasar, a adicción ao xogo desaparecía, tiña o meu piso propio, onde non hai atrasos no aluguer a día de hoxe e sobre todo tiña de súpeto máis de 10 euros na carteira. Foi unha sensación marabillosa e nada cambiou ata agora. Noutras palabras, deume vida, o que era cando era xogador, non necesariamente o asignaría a iso.

Febreiro 2016 vida normal

A principios de 2016, unha postal revoloteou na miña caixa de correo. Lin isto e descubrín que era un portal en liña onde te podías rexistrar de balde. Despois de que fose gratis, tamén o fixen. Todo era un sitio web con un cento de grupos diferentes, dependendo dos seus intereses. Como sempre fun unha persoa curiosa, mirei os grupos e atopei entre 4 e 5 grupos que me falaban. Para dous destes, fixen actividades en clubs de 50+ e clubs de 60+, que tamén se correspondían coa idade dos socios. Agora Helmut, o administrador do grupo 60+ Treff, organizou visitas a restaurantes cada dúas semanas ás 18:00 da noite. Cada vez nun restaurante diferente. Como non coñecía nada así do meu pasado, foi un pracer comer sempre ben alí e cotillear unhas 3 ou 4 horas coas 8 ou 10 persoas que alí estaban. O outro grupo, 50+, foi un reto para min dende o principio. Entón o administrador escribiu, esquecín o meu nome, de novo cada 2 semanas o venres á noite ás 6 p.m. unha reunión nun posto do mercado no distrito 3. Neste grupo, porén, o foco non estaba na alimentación, senón moito máis na sociedade. Porén, dado que estas reunións non estaban organizadas de forma óptima, só un puñado acudiron a estas reunións, pero non foi posible moito máis, non houbo espazo suficiente para máis neste stand. O administrador Helmut do grupo 60+ Treff fixo isto de forma moito máis precisa ata a súa morte en 2019. Sempre levaba comigo ao meu amigo Roman ás dúas reunións porque estaba solteiro naquel momento, pero volverei con el máis tarde. Como dixen, non había moitas cousas no grupo de máis de 50 anos, polo que tomei a iniciativa de poñer reunións en liña cada dúas semanas a través deste grupo. O grupo tiña uns 100 membros nese momento e por iso anunciei unha reunión nun restaurante e non nun buffet de postos de mercado no portal. Ao principio había entre 7 e 8 persoas deste grupo e, por suposto, o foco principal non estaba na comida, senón na conversa e nas conversas. Foi interesante que con todos e cada un deles había constantemente máis mulleres que homes presentes cada 2 semanas. Iso significa que ás veces ocorreu que Roman e eu eramos os únicos homes. Pero despois de que me encantara rodearme de mulleres, que tamén foi unha experiencia nova para min, recibín as mulleres en consecuencia. Iso significa bicar á esquerda e á dereita, onde entón me decatei de que isto tiña un impacto na calidade posterior da conversa. Foi un pouco engorroso ao principio, pero co paso do tempo chegaron máis e máis a estas reunións. O número de membros deste grupo tamén foi en constante aumento, ata o final cuns bos 500 membros. Dado que eu non era o administrador deste grupo, por suposto que había hostilidade con outros membros deste grupo, entre outras cousas co argumento de que se trataba dun intercambio de socios, que volvín poñer na páxina web cos comentarios correspondentes. En 2018 e 2019 tiven a idea de que non necesariamente hai que ir a un pub, senón que tamén hai cultura e deportes lixeiros. Estas reunións non foron necesariamente aceptadas polos membros. Era cabaret, bolos, billar ou minigolf, así que non hai cousas extravagantes. Só entre 5 e 6 persoas acudiron a este tipo de reunións, polo que volvín ás reunións locais. Cando chegou a pandemia en 2020, tivemos a nosa última reunión no distrito 3 en febreiro. Uns meses despois Pamela informoume de que xa non atopaba o grupo 50+ Treff na páxina web. Pero como tales reunións non podían ter lugar con bloqueo e outras restricións, non notei este feito. Investigueino e descubrín que tanto o grupo Treff 60+, que non tiña actividades despois da morte do administrador, como o grupo Treff 50+ e os seus membros foran eliminados desta páxina. O trasfondo foi, e quedou patente algún tempo antes, que o software (supostamente Ubuntu) que estaba detrás del caera e instalouse un novo software a través deste sitio web. Xa que agora me chamo programador, escribín a esta empresa, os propietarios deste sitio, unhas dúas veces para saber que ocorrería alí. A resposta foi que algúns grupos antigos xa non se podían restaurar. Por suposto, tamén comentei que se podería facer moi ben, pero tamén cun gasto de tempo enorme, porque os datos deben estar dispoñibles, só hai que lelos e engadilos ao novo portal.

Eventos de baile outono 2015

O meu amigo Román, a quen coñecía dende hai uns anos, preguntoume unha vez se podíamos ir a bailar un sábado á Asociación de Pensionistas de Viena, cousa que fixemos entón. E así fomos bailar todos os sábados pola noite ben no distrito 2 ou no distrito 20 ata que chegou a pandemia en 2020 e, por suposto, non houbo máis eventos. Eu daquela non era pensionista, pero que carallo, gustoume, aínda que non sexa bailarín profesional (caso sen esperanza).

Familia

Pois si, probablemente tiven iso durante uns 10 ou 11 anos, pero cando fun ao internado a relación debeu de deteriorarse, porque alí, quixera ou non, o 90% das miñas decisións había que tomalas só. Ao facelo, case ninguén estivo ao meu lado con consellos. Tamén é cuestionable se o aceptaría ou non. Na miña infancia tiven unha boa relación cos meus 3 curmáns os fins de semana, que son un pouco máis pequenos ca min, coa cuarta só tiven contacto dúas veces, por petición propia. Isto significa que vin ás 3 nenas do distrito 11 case todas as fins de semana. En canto ao meu irmán, fomos un só corazón e unha alma durante uns 16 anos. Iso cambiou cando dixo que agora tiña que ter unha muller. Cando tiña entre 30 e 35 anos, reclamoulle a súa herdanza en metálico aos seus pais na miña presenza na Baixa Austria. O trasfondo era que agora estaba casado e tiña dúas fillas e dicía que tiña que construír unha existencia aquí e agora en Alemaña. Dado que esta petición foi expresada con forza física, "despediuse" durante ben 20 anos. Non tivemos contacto con el ata pouco antes da morte do noso pai. Aínda hoxe non teño ningún contacto con el e non sei del nin de min onde vivimos. En canto ao meu fillo, que agora ten 20 anos, hai que dicir que no ano 2012 non lle puiden dicir que estaba detido, pero que tiña que traballar no estranxeiro, tiña 11 anos daquela. A miña parella e eu estabamos de acordo nisto, tiven unha boa relación con el polo menos ata que me obrigaron a quedarme no distrito 11, aínda que só fose a fin de semana. Porén, como na miña opinión foi informado por un parente querido da miña ex-parella onde estaba realmente no ano 2012, a pesar de varios intentos desde abril de 2018, non tiven ningún contacto, a última vez que o vin foi o 15 de xullo. 2017. A relación coa miña nai en realidade só foi boa nos primeiros anos da miña vida, pero como eramos personaxes moi diferentes, iso cambiou como moi tarde co internado, pero iso non cambiou o feito de que eu permanecía en pé. por ela nos últimos anos da súa vida. Pero o que me chamou moito a atención e que aínda me preocupa hoxe, que nunca puiden falar co meu pai e que seguramente el tampouco podería falar comigo.

Amigos

Ao longo destes anos seguramente tiven varios amigos que intento clasificar aquí, aínda que non teño dereito a elo, pero como dixen, así o vexo. Entre os meus mellores amigos estaban sen dúbida os da Baixa Austria, aos que eu xa sabía cando tiña 12 anos aprendín. Non obstante, dado que estaban espallados por todo o estado federal da Baixa Austria, a amizade rematou despois duns 15 ou 20 anos. En canto ao meu amigo vienés, aínda non sei por que nunca impediu que me fixera adicto ao xogo. Pero gustaríame acreditarlle que non tería sido capaz de facelo. No ano 2005 ou 2006 tiven problemas co PC do posto na tenda e, como o diñeiro adoitaba ser escaso, busquei unha reparación de ordenadores, que tamén atopei no distrito 20. Alí cheguei a un bar da adega a dúas rúas. Cando vin á persoa que se chamaba Kamal, decateime de que tiña que ser un árabe e dirixínme a el así, xa que eu tiña tratado con esta xente hai anos. Respondeu ás miñas palabras árabes e tamén dixo que naceu en Alexandría pero que agora é cidadán austríaco. Un ou dous anos despois trasladouse dúas rúas a un restaurante na planta baixa, onde me empregou tempo despois, el é o responsable do hardware e eu o do software. Foi el quen me ofreceu acubillo no soto o ano que non tiña. Aproximadamente un ano despois, un señor un pouco maior chegou á nosa tenda no distrito 20, xa que se viu que tiña 20 anos máis ca min. Dixo que tiña problemas co seu propio sitio web, xa que o software estaba adaptado, xa non sabía o camiño e quería engadir algunhas cousas. Quizais me gustaría ver o que fixen no lugar. Alí atopei un sitio web bastante grande no que traballara en si mesmo durante anos, e lin o meu camiño cara a ese sistema. Ao final, por fin puiden solucionar os problemas de conversación que tiña co novo sistema. Unha amizade desenvolvida a partir dos dous encontros, que continúa ata hoxe e que tampouco me gustaría perder. Si, fixéronse conexións dos grupos de clubs de máis de 60 e máis de 50 clubs, pero desapareceron de novo coa pandemia.

Asociacións

A primeira colaboración coa miña compañeira do centro de investigación decepcionoume un pouco, xa que estaba un pouco desagrado de que ela nos obrigara a min e a un neno a mudarnos baixo o mesmo teito que os seus pais, polo que o seu pai me aceptaba moi ben, pero a súa muller. fixo quen tiña que saber todo molestoume un pouco. En canto á miña segunda esposa na miña vida, era indiscutiblemente a muller da miña vida, se non, a asociación non tería durado máis de 20 anos. Que se rompese, a pesar do fillo de 8 anos daquela, probablemente sexa culpa miña nun 95%. Só descubrín retrospectivamente que nunca falamos de nós mesmos e dos nosos problemas e entón, como fixemos despois da ruptura, era demasiado tarde. Quizais iso tería cambiado algo se nos falaramos antes. Non sei. Dado que se dixo que o grupo 50+ Treff era unha especie de portal de socios desde o comezo do meu traballo para este grupo, pasou como debía. Foi un venres antes de Pentecostés de 2017, 8 anos despois de que Britta, da Baixa Austria, se separara de min. Alí tivemos unha reunión de novo nun bar e no seu xardín de pub. Fun alí coma sempre co meu amigo Román. Despois veu Pamela, membro do grupo Treff de 50+ e un ano máis nova ca min, e sentouse entre Roman e eu. No transcurso da velada desenvolveuse unha conversa puntual entre min e Pamela e falamos e rimos moito, para que xa non me fixera moito caso dos demais participantes. Durante o proceso, notei que cada vez que tiñamos algo de que rir, ela dábame unhas palmadas na parte superior do brazo ou na coxa. Inscribín ben, pero agora que, porque non fun o máis valente neste aspecto. Pero tomei a miña coraxe e pregunteille se non podíamos atoparnos nalgún lugar o sábado de Pentecostés para dar un paseo, cousa que tamén fixemos ao día seguinte. Caín das nubes e fun ao día comunitario da miña comunidade o domingo de Pentecostés. Pero como sempre era habitual en días coma este, despois dunha pequena oración, falar do camiño e das propias vivencias con el, e que diante dunhas 20 persoas, por suposto voluntariamente, empecei ao cabo dun tempo. Como dixen, tiña 57 anos e falara con Pamela por teléfono antes de entrar no edificio. Entón dixen que padecía unha enfermidade incurable que podía afectar a calquera e outras floridas declaracións pola miña parte. Mirei ao meu redor e, salvo caras angustiadas, non puiden distinguir nada. De que estaba falando? Pois claro que houbo preguntas e afirmacións, como: estás a falar coma un mozo de 16 anos e un dos presentes, un estudante de 22, preguntoume: Edi estás namorado, que por suposto que eu non podía negar. Un mes despois, o 15 de xullo de 2017, imaxinaba que Pamela e máis eu eramos parella, fun ver ao meu fillo á Baixa Austria por última vez, cousa que daquela non coñecía. Como axiña se deu conta de que me emocionaba demasiado, confesáballe que había unha nova muller na miña vida e tamén lle ensinaba unha foto dela, da que despois me arrepintei. Nese momento, Pamela xa estaba en cura en Estiria. Cando volveu, descubrín que outro membro do grupo Treff de máis de 50 anos seguiuna neste balneario e Pamela levoume. Dado que este home tampouco era necesariamente sociable, esta asociación entre Georg e Pamela foi só temporal. Ben, houbo máis reunións e en agosto de 2018 tivo lugar unha reunión nun Heuriger no distrito 19. Algunhas persoas deste grupo, así como eu crearan un grupo en Whatsapp e enviáronnos fotos de ida e volta por todas partes. Así que este venres entrou no grupo unha nova muller, chamada Anna, natural de Polonia e agradable de ver. Ela podía rir moi ben, o que me impresionou moito. Ela tamén se uniu ao noso grupo en Whatsapp e despois seguiu facendo achegas divertidas, que lle deron un impulso a este grupo. Un día de setembro de 2017 publicou que as uvas do distrito 22 estaban maduras e que alguén deste grupo non podía axudala coa vendima. Ela tiña reservado un día para iso a próxima fin de semana. A resposta a isto foi cero. Así que pensei para min, por que non, ir ler uvas e pedir unha cita no distrito 22. Realmente atopei moitas uvas que collemos durante o día e despois procesábamos en xarope e zume pola noite. Pero como nada "fuxiu" un sábado pola noite, pasou o tempo e ese día fomos parella. A mediados de outubro, despois dun mes de parella, dixo que se sentiría máis cómoda se a deixaba soa, cousa que tiven que aceptar. Bo ou non, iso tamén se rompeu, pero sempre houbo reunións no grupo e así en novembro de 2017 no distrito 3o. Alí estivemos unhas 20 persoas, onde tivemos algún problema de espazo neste restaurante. Cando todo rematou sobre as 9 da mañá, nós, Roman e eu, saímos á rúa onde estaban dúas mulleres, chamadas Tine e Julia. De súpeto, Tine preguntou: Que facemos agora? Quedei un pouco perplexo porque non esperaba tal pregunta dunha muller. Ben, así que fomos a unha cafetería próxima e quedamos alí aproximadamente unha hora. Entón Tine decatouse de que estaba ocupada cos ordenadores e díxome se podía solucionar o problema co seu ordenador na súa casa, o que asumiu despois de dar o seu enderezo no distrito 14. A muller era uns dous anos maior ca min e non necesariamente delgada. Esta reparación do ordenador ou esta visita converteuse en máis, aínda que non necesariamente me gustaba polo aspecto. A maior parte do tempo paseino con ela e con ela. Tiña un piso novo, pero ao parecer alí non se sentía como na casa, polo que eu puiden dicir, porque sempre tiña que saír a comprar algo ou simplemente para ir a algún sitio, era unha condutora apaixonada. Durante este tempo ela me duchaba con roupa e outras cousas, e sempre pagara no pub. Cando lle preguntei que non quería iso, porque tiña roupa suficiente nas miñas caixas mentres tanto, estaba un pouco nerviosa. Así que un fin de semana dirixiuse ata a súa irmá no Burgenland máis profundo e chamou dende o coche de camiño. Para min, iso foi o que rompeu o barril. Ela decidira todo sen consultarme e dixo que podía comprar o meu amor con moreas de agasallos. Así que este episodio tamén rematou. No verán de 2018, Roman e mais eu fomos bailar ao distrito 1, os dous solteiros, coñeciamos o evento dende hai tempo e, sobre todo, os dous organizadores. Cando chegamos alí case non quedaba espazo, así que os dous tivemos que sentar nunha mesa na que xa estaban sentadas dúas mulleres. Unha chamábase Graziella (pais en parte italianos) e, por desgraza, non recordo o nome da segunda. Agora que estabamos sentados na mesma mesa, eu tamén tiña que pedirlles que bailasen ás señoras e, por iso, Graziella e máis eu estabamos sentados ao carón e díxome que tiña problemas co seu PC. Xa coñecía ben o argumento e Graziella era moito maior ca min, pero aínda así confirmou que o vería na súa casa, no distrito 16. Alí tamén foi o mesmo resultado que con Tine, xuntámonos. Ela tiña un contrato de arrendamento a longo prazo no distrito 17 cunha pequena casa no xardín correspondente, onde non se podía mover facilmente diante dunha gran cantidade de plantas e árbores. Ademais, tiña vides enriba da terraza, onde tamén recollíamos as uvas para despois procesalas, de novo unha experiencia aha. Dado que non só era posible moverse polo xardín, isto tamén se aplicaba aos interiores da casa e, finalmente, tamén ao seu apartamento. Polo tanto, a asociación foi limitada no tempo. Eu mesmo non son precisamente un parvo da limpeza, pero gustaríame poder moverme nunha habitación, de todos os xeitos estiven bastante apretado en 2012. A principios de novembro de 2018, un sábado pola mañá despois do almorzo deixei esta conexión nun présa. Caín nun burato profundo neste momento xa que tiña que preguntarme que estaba facendo mal. 4 mulleres e con todas non saíu, foi o meu pasado, foi a miña "riqueza"? Ben, houbo outro evento de baile a finais de novembro, un sábado 24 de novembro de 2018. O meu amigo Román convenceume para ir a este baile no distrito 2. Pero non me apetecía. Ao final, por fin chegoume tan lonxe. Sentámonos nunha mesa cunhas 8 persoas. Enfrente de min vin unha muller loira que, na miña opinión, estaba en compañía dun señor ancián. Non bailara moito aquela noite de 18.00 a 21.00 horas con música en directo. Ata o final, a señora en cuestión volveu á mesa e díxonos a Román e a min se non queriamos bailar allí. Só entendera mal esta afirmación e, polo tanto, non reaccionei. Roman inmediatamente saltou e foi bailar con ela. Agora rematou este acto e fomos ao vestiario. De súpeto, esta muller, chamada Ully, estaba ao meu carón e preguntou: Vas comigo e con iso quero dicir Roman e eu. Despois de que fose sábado pola noite e tampouco tarde, non me importaba ir comigo, e iso tamén díxenlle a Román. Tamén aceptou e así tras unha longa busca unhas 8 persoas acabaron nun bar do distrito 1. Antes de ir ao garda-roupa deulle a Roman o seu número de móbil, que eu só rexistrei de forma marxinal. Pois agora sentámonos a Ully ao meu lado neste bar e Roman deu unha conferencia sobre xamanismo e enerxía. No transcurso da noite descubriuse que Ully non viñera co señor ancián, senón coa súa amiga Monika. En canto rexistrei isto, deume un pouco de vergoña, cousa que me gustou da señora. Agora Roman tiña o seu número, pero eu non podía pedirllo. Entón collín unha tarxeta de visita do restaurante e escribín o meu número de teléfono no reverso. Cando saín do restaurante entregueille esta tarxeta que, por desgraza, tamén se decatou Román. Así que estaba na cociña do demo e Ully tiña dous números de teléfono móbil de Roman e de min. Ao día seguinte, domingo, agardei a ver que pasaba. Non pasou nada pola mañá, pero ás 2 da mañá estaba o móbil e Ully estaba en liña. Preguntoume se nin sequera podíamos ir tomar un café. A miña resposta a isto: Inmediatamente e inmediatamente - tes unha interrupción na transmisión. Si, aínda ten que arranxar algo e volverame chamar en aproximadamente unha hora. Pero non foi unha hora, só media hora e reunímonos nunha cafetería do distrito 20. Despois fomos alí ao cine e como non era suficiente, tamén fomos a un salón do 1o andar. Díxenlle, como estaba afeito, todo sobre a miña vida pasada, que pode non ser necesariamente produtiva. De súpeto volveuse cara a min e bicoume na meixela. Desde entón somos parella, aínda que haxa unha diferenza de idade duns poucos anos. Por que? Porque creo que é a mellor das catro mulleres anteriores.

Fin neocatólico

Cando me incorporei á confraternidade ou ao camiño en 2011, desde o principio estaba claro que levaría uns 30 anos percorrer este camiño. Agora, en 2017, nesta fin de semana de Pentecostés, tiven que facer as miñas experiencias, o que significa a interpretación da asociación deste xeito e, polo tanto, eu me quedei un pouco. Cando a miña irmá María da comunidade se quitou a vida en abril de 2018, despois de 7 anos de pertenza, decidín rematar o camiño e fixen o propio en maio de 2018 nunhas Vésperas polo falecido. O meu pensamento a este respecto foi que xa non podía estar de acordo con algúns argumentos no camiño. Iso aplicábase, por suposto, á interpretación das asociacións, así como á forma de dar vida á fe. Son agora crente ou non: esta pregunta non pode e non quero responder aquí, sobre todo, pode o propio individuo individual? Pola miña parte agora intento vivir a fe despois de saír da comunidade. Desde entón sigo en contacto con Deus, aínda que só se exprese en oracións silenciosas con el.

Clientes

Seguro que ao longo da miña vida tiven varios centos de clientes aos que sempre trato con respecto e cortesía, independentemente de que sexan nacionais ou estranxeiros. En canto á base de clientes na época na que vendía xornais e revistas, tiven varias experiencias negativas. Como o 99% deles eran sempre estranxeiros, nin sequera tiven que mirar os meus cartos, xa que a xente fora ao seu país e non fixo caso das miñas demandas. Os meus clientes, aos que xa son completamente diferente no sector da informática, sempre están contentos cando me chaman. Xa sabes que non descanso ata que se resolva o problema e iso pode levar tempo. Pero non lembro un cliente do momento en que estaba creando software. Este é un residente de Alemaña, pero de orixe diferente. As súas tres empresas inclúen un consultorio dental, un laboratorio dental e un depósito dental. No outono de 2010, o seu empregado da tenda de depósito dental chegou á nosa tenda. O trasfondo foi que o programa de cálculo xa non funcionaba e preguntou se podía arranxalo. Dado que este home non tiña necesariamente coñecementos comerciais, descubrín que xa non se podía gardar este programa. Agora notara que todo consistía basicamente en tres empresas cunha gran variedade de enfoques. Así, como parte da nosa empresa no distrito 20, creamos unha oferta para as tres empresas con contabilidade financeira e de inventarios, xestión de partidas abertas. Xestión de chamadas de clientes e provedores e moito máis. Presenteille isto ao xefe e el comezou a aceptar partes individuais desta oferta e rexeitar outras. Pero como sempre teño a ambición de crear todo ao 100%, ese tamén foi neste caso, e por suposto tamén no que respecta ao feito de que se tomou a decisión de aceptar outra parte da nosa oferta. Pero como o software non é estático, o programa adoitaba adaptarse. Entón fun ao seu maiorista de odontoloxía ata catro veces por semana para facelo, cada vez para agradecerlle durante sete anos. Dado que os empregados alí presentes non eran necesariamente comerciantes, non podían realizar o inventario anual. É dicir, ata o inventario do ano 2017, realizámolo eu coa axuda das persoas alí presentes. Pero como sei pola miña experiencia comercial que algo así debería facerse nun prazo máximo de dous días, tiven as miñas dificultades neste sentido. O último inventario completouse por etapas nun prazo de dúas semanas. Acordouse de antemán que a factura presentada por nós sería aboada tres veces. Pagouse o primeiro importe parcial cun importe de tres díxitos en euros, o resto segue aberto. O argumento do cliente foi que o meu programa non funciona, o que fundamentalmente se contradí a si mesmo. Por unha banda, o software funcionou impecablemente durante sete anos e, por outro, aínda hoxe en día o seguen utilizando e tamén o levan catro anos. Entón volvemos a un bo de 4 díxitos. Mesmo unha carta dun avogado ameazando cunha orde de pago non foi atendida. Respecto dos meus clientes actuais, aos que hoxe coido como parte do noso negocio, permítanme dicir que están totalmente entusiasmados conmigo, porque saben o que están a recibir de min. Por unha banda, non se trata só da cita puntual, senón tamén do coñecemento do cliente ao que non renuncio ata atopar unha solución. Pode ser que leve tempo, pero tamén estou feliz cada vez que vexo que funciona.

Curriculum vitae

Ti, como lector, podes pensar agora que liches que isto non é vida. Si, pode ser, pero como xa se mencionou, aquelas foron só as miñas decisións, se fosen correctas ou incorrectas, sempre só se poden determinar retrospectivamente. Entón xorde a seguinte pregunta, se estou feliz. Pero dado que esta é unha avaliación puramente subxectiva, cada un respondería de xeito diferente. estou feliz. Por que? Cando penso na época da miña adicción, realmente non era o que se chama vida, así que alégrome de pasar este período. Como conseguín iso daquela aínda non está claro, pero estou feliz de pasar ese momento. Se estou satisfeito, tal e como o formulei no meu 1o libro, queda sen resposta. A razón disto é que o meu amigo máis próximo separouse de min por petición propia despois de ben 10 anos, que aínda non entendo a día de hoxe. Non sei que máis me preparou a vida, pero non pode vir nada máis que me sacuda.